Die **2000**
wichtigsten Wörter

Business
English

Patricia McBride

Bisher sind in dieser Reihe erschienen:
◆ Business English
◆ Englisch
◆ Französisch
◆ Italienisch
◆ Spanisch

Weitere Titel sind in Vorbereitung.

© Compact Verlag GmbH
Baierbrunner Straße 27, 81379 München
Ausgabe 2013
8. Auflage

Alle Rechte vorbehalten. Nachdruck, auch auszugsweise,
nur mit ausdrücklicher Genehmigung des Verlages gestattet.

Text: Patricia McBride
Chefredaktion: Dr. Matthias Feldbaum
Redaktion: Helga Aichele
Fachkorrektur: Fiona Cain
Produktion: Johannes Buchmann
Titelabbildung: shutterstock.com, QQ7
Gestaltung: Axel Ganguin
Umschlaggestaltung: Hartmut Baier

ISBN 978-3-8174-7783-8
7277833/8

www.compactverlag.de

Die 2000 wichtigsten Wörter Business English richten sich an alle, die ihre Englischkenntnisse für den Beruf schnell erweitern oder wieder auffrischen wollen. Ob Besprechungen und Konferenzen, Korrespondenz und Telefonieren oder Rechnungswesen: In 13 thematisch gegliederten Kapiteln finden Sie den wichtigsten Wortschatz und interessante Redewendungen aus allen Bereichen des Business English. Zahlreiche Beispielsätze geben Aufschluss über die korrekte Verwendung der Vokabeln. Innerhalb der Kapitel gibt es Infokästen zu sprachlichen und landeskundlichen Besonderheiten. Darüber hinaus erfahren Sie, von welchen „falschen Freunden" Sie sich im Englischen nicht täuschen lassen dürfen.

Am Ende der Wortschatzkapitel finden Sie übersichtliche Darstellungen zu Maßen und Gewichten, Buchstabieralphabeten und Rechtsformen. Ein alphabetisches Register aller englischen Stichwörter erleichtert das gezielte Auffinden.

Die nutzerorientierte Gliederung, das handliche Format, die Ausspracheangaben in der internationalen Lautschrift und die ansprechende zweifarbige Gestaltung machen diesen Basiswortschatz zu einem praktischen Nachschlagewerk und einem unverzichtbaren Begleiter.

Viel Spaß und Erfolg beim Englischlernen!

Autoren und Redaktion

Abkürzungsverzeichnis

AE	American English
BE	British English
fam	umgangssprachlich
fig	bildlich
jdm./jdn.	jemandem/jemanden
jmd.	jemand
pl	Plural
s.b./s.o.	somebody/someone
sth.	something

LAUTSCHRIFT-ÜBERSICHT

Konsonanten

Baum	b	big	Post, ab	p	pass
denn	d	day	Rand	r	road
fünf, vier	f	fish, photo	nass, besser	s	sun, cellar
gut	g	get	Schule, Sturm	ʃ	shot
Hemd	h	hat	Tisch, Sand	t	tap
ja, Million	j	yes		θ	think
Kind	k	keep, cat		ð	that
Lob	l	life	Weg	v	vote
mir	m	me		w	wish
nein	n	no, knit	sein	z	zoo, is
links, lang	ŋ	hang	Genie	ʒ	pleasure

Vokale

	ɑː	jar, heart
	æ	back
egal	e	yes
gefallen	ə	above
	ɜː	turn, whirl
ist	ɪ	if
Liebe	iː	be, meet
	ɔː	short, warm
	ɒ	dog
	ʊ	put, hood, would
Zug	uː	blue, mood
	ʌ	run, shove

Diphthonge

heiß	aɪ	by buy, lie
	aʊ	round, now
	eɪ	late, day
	eə	chair, stare
	əʊ	mow, go
	ɪə	near, here
	ɔɪ	joy, boil
	ʊə	sure, pure

Nasale (nur bei Fremdwörtern)

Orange	ɑ̃	fiancée
Saison	ɔ̃	bouillon

INHALTSVERZEICHNIS

DIE FIRMA

1. Unternehmensform

company [ˈkʌmpənɪ]	Firma, Unternehmen, Gesellschaft
company car [ˈkʌmpənɪ kɑː]	Firmenwagen
firm [fɜːm]	Firma, Unternehmen
business [ˈbɪznɪs]	Geschäft, Unternehmen
Our business is very profitable.	Unser Geschäft ist sehr rentabel.
business administration	Betriebswirtschaftslehre
[bɪznɪs ədmɪnɪˈstreɪʃən]	
do business [duː ˈbɪznɪs]	Geschäfte machen
We do a lot of business with China.	Wir machen viele Geschäfte mit China.

INFOKASTEN

Es ist manchmal schwierig, zwischen *do* und *make* zu unterscheiden. Man sagt *do business,* aber *make an appointment* (einen Termin vereinbaren). Weitere Beispiele sind: *do a job* (arbeiten), aber *make progress* (Fortschritte machen).

run a business [rʌn ə ˈbɪznɪs]	ein Geschäft führen
go out of business	ein Geschäft aufgeben, Bankrott machen
[gəʊ aʊt əv ˈbɪznɪs]	
businessman [ˈbɪznɪsmən]	Geschäftsmann, Kaufmann
businesswoman [ˈbɪznɪswʊmən]	Geschäftsfrau, Kauffrau
She is a very successful	Sie ist eine sehr erfolgreiche
businesswoman.	Geschäftsfrau.
corporation [kɔːpəˈreɪʃən]	Gesellschaft
corporate [ˈkɔːpərət]	Unternehmens…, Firmen…
Corporate social responsibility has	Die soziale Verantwortung von
become an important topic.	Unternehmen ist zu einem wichtigen
	Thema geworden.
enterprise [ˈentəpraɪz]	Unternehmen, Unternehmung
entrepreneur [ɒntrəprəˈnɜː]	Unternehmer(in)
multinational company	multinationales Unternehmen
[mʌltɪˈnæʃənl ˈkʌmpənɪ]	

parent company ['peərənt 'kʌmpənɪ]	Muttergesellschaft, Stammhaus
subsidiary [səb'sɪdɪərɪ]	Tochter…, Neben…, Tochtergesellschaft
We recently sold one of our subsidiaries.	Wir haben kürzlich eine unserer Tochtergesellschaften verkauft.
set up a subsidiary [set ʌp ə səb'sɪdɪərɪ]	eine Tochtergesellschaft gründen
wholly-owned subsidiary ['həʊlɪəʊnd səb'sɪdɪərɪ]	hundertprozentige Tochtergesellschaft
holding company ['həʊldɪŋ 'kʌmpənɪ]	Dachgesellschaft
private limited company (Ltd.) ['praɪvət 'lɪmɪtɪd 'kʌmpənɪ]	Gesellschaft mit beschränkter Haftung (GmbH)
public limited company (plc) ['pʌblɪk 'lɪmɪtɪd 'kʌmpənɪ]	Aktiengesellschaft (AG)
partnership ['pɑːtnəʃɪp]	Partnerschaft, Personengesellschaft
We are involved in partnerships with numerous other firms.	Wir haben Partnerschaften mit zahlreichen anderen Firmen.
limited partnership ['lɪmɪtɪd 'pɑːtnəʃɪp]	Kommanditgesellschaft (KG)
own [əʊn]	besitzen, haben
owner ['əʊnə]	Besitzer(in)
co-owner [kəʊ'əʊnə]	Mitinhaber(in)
proprietor [prə'praɪətə]	Besitzer(in), Eigentümer(in)
commerce ['kɒmɜːs]	Handel
trade [treɪd]	Handel, Gewerbe, Tausch, handeln
Our firm trades in leather goods.	Unsere Firma handelt in Lederwaren.
trading partner ['treɪdɪŋ 'pɑːtnə]	Handelspartner(in)
tradesman ['treɪdzmən]	Händler, Handwerker
customer ['kʌstəmə]	Kunde/Kundin
client ['klaɪənt]	Kunde/Kundin

INFOKASTEN

Client und *customer* werden beide mit Kunde übersetzt. *Client* wird eher im Dienstleistungsbereich verwendet, z.B. hat ein Rechtsanwalt einen *client*. Der Handel spricht dagegen vom *customer*.

9

retailer ['riːteɪlə]
They are a major food retailer.

Einzelhändler(in)
Sie sind ein großer
Lebensmitteleinzelhändler.

retailing ['riːteɪlɪŋ]
Einzelhandel

wholesale ['həʊlseɪl]
Großhandel, Großhandels...

wholesale market
Großmarkt
['həʊlseɪl 'maːkɪt]

wholesaler ['həʊlseɪlə]
Großhändler(in), Grossist(in)

industry ['ɪndəstrɪ]
Industrie

car industry [kaː 'ɪndəstrɪ]
Automobilindustrie

2. Personal und Abteilungen

personnel [pɜːsə'nel]
She works in the personnel
department.

Personal, Belegschaft
Sie arbeitet in der Personalabteilung.

INFOKASTEN

Personnel und *personal* darf man nicht verwechseln. *Personnel* oder *staff* bedeuten Personal, *personal* dagegen bedeutet privat, persönlich.

human resources
Humankapital, Personalabteilung
['hjuːmən rə'sɔːsɪz]

staff [staːf]
Personal, Mitarbeiter

director [daɪ'rektə]
Leiter(in), Aufsichtsratsmitglied

board of directors
Direktion, Vorstand
[bɔːd əv daɪ'rektəz]

managing director
Generaldirektor(in), Geschäftsführer(in),
['mænɪdʒɪŋ daɪ'rektə]
Vorstandsvorsitzende(r)

member ['membə]
Mitglied

board member [bɔːd 'membə]
Vorstandsmitglied

chair [tʃeə]
Vorsitz, den Vorsitz haben, leiten
The managing director will chair
today's meeting.

Der Geschäftsführer wird bei der heutigen
Sitzung den Vorsitz haben.

chairman ['tʃeəmən]
Vorsitzender

INFOKASTEN

In Zusammensetzungen, die Beruf oder gesellschaftliche Stellung bezeichnen (z.B. *policeman, fireman*), wird heutzutage *-man* vermieden, um nicht diskriminierend gegen Frauen zu sein. Stattdessen verwendet man neutrale Bezeichnungen, z.B. *chairperson, police officer* oder *firefighter*.

chairman of the board Vorstandsvorsitzender
[ˈtʃeəmən əv ðə bɔːd]
chairwoman [ˈtʃeəwʊmən] Vorsitzende
supervisory board Aufsichtsrat
[suːpəˈvaɪzərɪ bɔːd]
  German public companies are   Deutsche Aktiengesellschaften müssen
  required to have a supervisory   einen Aufsichtsrat haben.
  board.
chairman of the supervisory board Aufsichtsratsvorsitzender
[ˈtʃeəmən əv ðə suːpəˈvaɪzərɪ
bɔːd]
executive [ɪɡˈzekjʊtɪv] leitende(r) Angestellte(r)
chief executive officer (CEO) *AE* Generaldirektor(in)
[tʃiːf ɪɡˈzekjʊtɪv ˈɒfɪsə]
administration [ədmɪnɪˈstreɪʃən] Verwaltung, Regierung
administrator [ədmɪnɪˈstreɪtə] Verwalter, Sachbearbeiter
management [ˈmænɪdʒmənt] Unternehmensführung, (Geschäfts-)Leitung

INFOKASTEN

Einige zusammengesetzte Substantive mit *management*:
quality management Qualitätsmanagement
middle management mittlere Führungsebene
senior management Führungsstab

manager [ˈmænɪdʒə] (Abteilungs-)Leiter(in), Geschäftsführer(in)
managerial [mænəˈdʒɪərɪəl] Führungs…, leitend
department [dɪˈpɔːtmənt] Abteilung
division [dɪˈvɪʒən] Abteilung, Geschäftsbereich
be in charge of [biː ɪn ˈtʃɑːdʒ əv] zuständig/verantwortlich sein für

be headed by [biː ˈhedɪd baɪ]	geleitet werden von
supervisor [ˈsuːpəvaɪzə]	Vorgesetzte(r), Leiter(in)
You will work closely with your supervisor.	Sie werden eng mit Ihrem Vorgesetzten zusammenarbeiten.
supervise [ˈsuːpəvaɪz]	beaufsichtigen, überwachen
spokesperson [ˈspəʊkspɜːsn]	Sprecher(in)
A spokesperson denied the allegations.	Ein Sprecher bestritt die Vorwürfe.
boss [bɒs]	Chef(in)
deputy [ˈdepjʊtɪ]	Stellvertreter(in)
stand in for [stænd ˈɪn fɔː]	jdn. vertreten
secretary [ˈsekrətrɪ]	Sekretär(in)

INFOKASTEN

Statt *secretary* wird heute bevorzugt *office manager, office assistant* oder in der Führungsetage *personal assistant* verwendet. Wenn Sie sagen möchten, dass Sie die Sekretärin von Herrn Müller sind, heißt es: *personal assistant to Mr Müller.*

clerk [klɑːk]	Büroangestellte(r), *AE:* Verkäufer(in)
clerical assistant [ˈklerɪkl əˈsɪstənt]	Büroangestellte(r)
officer [ˈɒfɪsə]	Beamter/Beamtin
field work [ˈfiːld wɜːk]	Außendienst
marketing [ˈmɑːkɪtɪŋ]	Marketing, Absatzwirtschaft
He works as a marketing assistant.	Er arbeitet als Assistent im Marketingbereich.
salesforce [ˈseɪlzfɔːs]	Vertriebspersonal, Außendienst
Our salesforce is highly motivated.	Unsere Vertriebsmitarbeiter sind hoch motiviert.
salesman [ˈseɪlzmən]	Verkäufer
saleswoman [ˈseɪlzwʊmən]	Verkäuferin
specialist [ˈspeʃəlɪst]	Fachmann/Fachfrau, Spezialist(in)
specialized [ˈspeʃəlaɪzd]	spezialisiert, Fach…
specialize in sth. [ˈspeʃəlaɪz ɪn ˈsʌmθɪŋ]	sich auf etwas spezialisieren
We specialize in American holidays.	Wir spezialisieren uns auf Amerika-Reisen.

consultant [kənˈsʌltənt]	Berater(in), Gutachter(in)
engage a consultant	einen Berater einstellen
[ɪnˈgeɪdʒ ə kənˈsʌltənt]	
financial consultant	Finanzberater(in)
[faɪˈnænʃl kənˈsʌltənt]	
management consultant	Unternehmensberater(in)
[ˈmænɪdʒmənt kənˈsʌltənt]	
advise [ədˈvaɪz]	(be)raten, empfehlen
adviser/or [ədˈvaɪzə]	Berater(in)
tax adviser [tæks ədˈvaɪzə]	Steuerberater(in)
subordinate [səˈbɔːdɪnət]	Mitarbeiter(in), Untergebene(r)
civil servant [ˈsɪvəl ˈsɜːvənt]	Beamter/Beamtin
engineer [endʒɪˈnɪə]	Ingenieur(in), Techniker(in)

3. Standort

location [ləʊˈkeɪʃən]	Standort, Lage
be located [biː ləʊˈkeɪtɪd]	sich befinden in
Our headquarters are located in the city centre.	Unsere Zentrale befindet sich im Stadtzentrum.
relocate [riːləʊˈkeɪt]	den Standort wechseln, umziehen
premises pl [ˈpremɪsɪz]	Grundstück, Gelände, Räumlichkeiten
property [ˈprɒpəti]	Eigentum, (Grund-)Besitz, Eigenschaft
site [saɪt]	Standort, Gelände
industrial site [ɪnˈdʌstrɪəl saɪt]	Industriegelände
headquarters pl [ˈhedkwɔːtəz]	Zentrale, Hauptsitz
Their headquarters are in London.	Ihre Zentrale ist in London.
head office [hed ˈɒfɪs]	Zentrale, Hauptgeschäftsstelle
branch [brɑːntʃ]	Zweig, Niederlassung, Filiale
branch office [brɑːntʃ ˈɒfɪs]	Zweigstelle
open a branch [ˈəʊpən ə brɑːntʃ]	eine Filiale eröffnen
close (down) a branch	eine Filiale schließen
[kləʊs (ˈdaʊn) ə brɑːntʃ]	
plant [plɑːnt]	Werk, Anlage
facility [fəˈsɪləti]	Einrichtung, Anlage
factory [ˈfæktrɪ]	Fabrik

1. Geschäftsräume

office [ˈɒfɪs]	Büro
open-plan office	Großraumbüro
[ˈəʊpənplæn ˈɒfɪs]	
I work in an open-plan office.	Ich arbeite in einem Großraumbüro.
partition wall [pɑːˈtɪʃən wɔːl]	Trennwand
reception [rɪˈsepʃən]	Empfang
conference room	Konferenzsaal
[ˈkɒnfərəns ruːm]	
floor [flɔː]	Etage, Stock(werk)

INFOKASTEN

Bei *floor* muss man zwischen britischem und amerikanischem Englisch unterscheiden, da sich für Briten die erste Etage *(first floor)* eine Etage über dem Erdgeschoss befindet. Für Amerikaner dagegen ist das Erdgeschoss schon *first floor.*

lift *BE* [lɪft], **elevator** *AE* [ˈeləveɪtə]	Aufzug
staff canteen [stɑːf kænˈtiːn]	Kantine
office storeroom [ˈɒfɪs ˈstɔːruːm]	Lager(raum) für Büromaterial
office staff [ˈɒfɪs stɑːf]	Büropersonal
administrative staff	Verwaltungspersonal
[ədˈmɪnɪstrətɪv stɑːf]	
caretaker [ˈkeəteɪkə]	Hausmeister

INFOKASTEN

Im britischen Englisch wird Hausmeister normalerweise mit *caretaker* übersetzt. Im Amerikanischen spricht man gewöhnlich vom *janitor.*

office hours *pl* [ˈɒfɪs ˈaʊəz]	Geschäftszeit, Öffnungszeiten
hours of business *pl*	Geschäftszeiten
[ˈaʊəz əv ˈbɪznɪs]	

INFOKASTEN

Hours of business in Großbritannien unterscheiden sich von deutschen Öffnungszeiten. Im Büro arbeitet man von 9 Uhr bis 17 Uhr. Im Durchschnitt arbeiten die
Briten länger als andere europäische Länder. Supermärkte haben oft bis Mitter-
nacht geöffnet und auch am Sonntag kann man einkaufen gehen.

2. Büroausstattung

office supplies *pl* [ˈɒfɪs səˈplaɪs] Bürobedarf
filing cabinet [ˈfaɪlɪŋ ˈkæbɪnət] Aktenschrank
desk [desk] Schreibtisch

INFOKASTEN

In Zeiten von Teilzeitarbeit, Jobsharing und Gleitzeit teilen sich zwei oder mehr
Angestellte den gleichen Arbeitsbereich und Schreibtisch. Dies nennt man *hot
desking.*

cupboard [ˈkʌbəd] Schrank
bookcase [ˈbʊkkeɪs] Bücherregal
chair [tʃeə] Stuhl
swivel chair [ˈswɪvl tʃeə] Drehstuhl
shelf [ʃelf] Regal
folder [ˈfəʊldə] Mappe, Ordner, Schnellhefter
desk lamp [ˈdesk læmp] Schreibtischlampe
stamp [stæmp] Stempel
ink pad [ˈɪŋkpæd] Stempelkissen
notepad [ˈnəʊtpæd] Notizblock
pencil [ˈpensɪl] Bleistift
pen [pen] Kugelschreiber
envelope [ˈenvələʊp] Briefumschlag
   Do you have any A4 envelopes left?   Haben Sie noch A4 Briefumschläge?
headed paper [ˈhedɪd ˈpeɪpə] Papier mit Briefkopf
paper clip [ˈpeɪpə klɪp] Büroklammer
stapler [ˈsteɪplə] Hefter

holepunch [ˈhəʊlpʌntʃ]	Locher
photocopier [ˈfəʊtəʊkɒpɪə]	Kopierer
printer [ˈprɪntə]	Drucker
ink cartridge [ɪŋk ˈkɑːtrɪdʒ]	Druckerpatrone
projector [prəˈdʒektə]	Beamer, Projektor
shredder [ˈʃredə]	Reißwolf
air conditioning [eə kənˈdɪʃənɪŋ]	Klimaanlage
Please switch on the air conditioning.	Bitte schalten Sie die Klimaanlage an.
radiator [ˈreɪdɪeɪtə]	Heizkörper
coffee machine [ˈkɒfɪ məˈʃiːn]	Kaffeemaschine
kettle [ketl]	Wasserkocher
switch [swɪtʃ]	Schalter
plug [plʌg]	Stecker
socket [ˈsɒkət]	Steckdose
extension lead [ɪkˈstenʃən liːd]	Verlängerungskabel
Where can I find an extension lead, please?	Wo finde ich ein Verlängerungskabel?

3. Computer und Internet

computer [kəmˈpjuːtə]	Computer, Rechner
hardware [ˈhɑːdweə]	Hardware
software [ˈsɒftweə]	Software
personal computer [ˈpɜːsənl kəmˈpjuːtə]	Personalcomputer
PC [piːˈsiː]	Personalcomputer (PC)
start up [stɑːt ˈʌp]	den Computer starten
switch on [swɪtʃ ˈɒn]	(den Computer) einschalten
switch off [swɪtʃ ˈɒf]	(den Computer) ausschalten
save sth. [seɪv ˈsʌmθɪŋ]	etwas speichern
Remember to save the data files before switching off the PC.	Vergessen Sie nicht, die Dateien abzuspeichern, bevor Sie den PC ausschalten.
memory [ˈmemərɪ]	Speicherplatz
hard disk [ˈhɑːd dɪsk]	Festplatte
screen [ˈskriːn]	Bildschirm, Monitor

monitor [ˈmɒnɪtə]	Bildschirm, Monitor
mouse [maʊs]	Maus
keyboard [ˈkiːbɔːd]	Tastatur
The marketing department requires ten new keyboards.	Die Marketingabteilung benötigt zehn neue Tastaturen.
CD [siːˈdiː]	CD
CD-ROM [siːdiːˈrɒm]	CD-ROM
disk [dɪsk]	Diskette
disk drive [ˈdɪsk draɪv]	Diskettenlaufwerk
USB stick [juːesˈbiː stɪk]	USB-Stick
port [pɔːt]	Anschluss
plug [plʌg]	Stecker
plug in [plʌg ˈɪn]	einstecken
cable [keɪbl]	Kabel
printer [ˈprɪntə]	Drucker
printout [ˈprɪntaʊt]	Ausdruck
laptop [ˈlæptɒp]	Laptop
notebook [ˈnəʊtbʊk]	Notebook
hardware failure [ˈhɑːdweə ˈfeɪljə]	Maschinenstörung, Ausfall der Hardware
backup copy [ˈbækʌp ˈkɒpɪ]	Sicherheitskopie
software package [ˈsɒftweə ˈpækɪdʒ]	Softwarepaket
The software package can be installed by following the instructions.	Das Softwarepaket kann den Anweisungen folgend installiert werden.
compatible software [kəmˈpætəbl ˈsɒftweə]	kompatible Software
compatibility [kɒmpætəˈbɪlɪtɪ]	Kompatibilität, Vereinbarkeit
program [ˈprəʊgræm]	Computerprogramm, programmieren
install a program [ɪnˈstɔːl ə ˈprəʊgræm]	ein Programm installieren
installation [ɪnstəˈleɪʃən]	Installation
system [ˈsɪstəm]	System
system control [ˈsɪstəm kənˈtrəʊl]	Systemsteuerung
operating system [ˈɒpəreɪtɪŋ ˈsɪstəm]	Betriebssystem

command [kəˈmɑːnd] — Befehl

application [æplɪˈkeɪʃən] — Anwendung

version [ˈvɜːʒən] — Modell, Version
  Which software version are you using? — Welche Software-Version verwenden Sie?

load [ləʊd] — laden

run a program [rʌn ə ˈprəʊgræm] — ein Programm laufen lassen

update [ˈʌpdeɪt] — Update, Aktualisierung

update [ʌpˈdeɪt] — aktualisieren, updaten
  We update the database on a daily basis. — Wir aktualisieren die Datenbank täglich.

file [faɪl] — Datei, in einer Datei ablegen

open a file [ˈəʊpən ə faɪl] — eine neue Datei anlegen, eine Datei öffnen

create a file [krɪˈeɪt ə faɪl] — eine Datei erstellen
  We need to create a file for this project. — Wir müssen eine Datei für dieses Projekt erstellen.

save a file [ˈseɪv ə faɪl] — eine Datei speichern

delete a file [dɪˈliːt ə faɪl] — eine Datei löschen

call up a file [ˈkɔːl ʌp ə faɪl] — eine Datei aufrufen

access a file [ˈækses ə faɪl] — eine Datei aufrufen

access [ˈækses] — Zugriff, Zugang

data [deɪtə] — Daten

(electronic) data processing [(ɪlekˈtrɒnɪk) ˈdeɪtə ˈprəʊsesɪŋ] — (elektronische) Datenverarbeitung

data transfer [ˈdeɪtə ˈtrænsfɜː] — Datenübertragung
  We have located the error in the data transfer. — Wir haben den Fehler bei der Datenübertragung identifiziert.

data input [ˈdeɪtə ˈɪnpʊt] — Dateneingabe

input [ˈɪnpʊt] — Input, eingeben

database [ˈdeɪtəbeɪs] — Datenbank
  The database is password-protected. — Die Datenbank ist kennwortgeschützt.

data entry [ˈdeɪtə ˈentrɪ] — Datenerfassung, Dateneintrag

spreadsheet [ˈspredʃiːt] — Tabellenkalkulation

interface [ˈɪntəfeɪs] — Schnittstelle, Interface

network [ˈnetwɜːk] — Netzwerk

server [ˈsɜːvə] — Server

provider [prəˈvaɪdə] — Provider

Internet [ˈɪntənet]	das Internet
the Net [ðə ˈnet]	das Netz
surf the Net [sɜːf ðə ˈnet]	im Internet surfen
intranet [ˈɪntrənet]	Intranet

INFOKASTEN

Als *intranet* bezeichnet man das interne PC-Netzwerk einer Firma.

web [web]	World Wide Web, Netz
web browser [web ˈbraʊzə]	Webbrowser
log on [lɒg ˈɒn]	sich anmelden
To log on, please enter your password.	Geben Sie bitte Ihr Passwort ein, um sich anzumelden.
log off [lɒg ˈɒf]	sich abmelden
online [ɒnˈlaɪn]	online, Online…

INFOKASTEN

Man spricht von *offline*, wenn keine Verbindung zum Internet besteht. Bei einer bestehenden Internetverbindung ist man *online*.

download [ˈdaʊnləʊd]	herunterladen
homepage [ˈhəʊmpeɪdʒ]	Homepage
website [ˈwebsaɪt]	Website

4. Bürotätigkeiten

manage [ˈmænɪdʒ]	verwalten, leiten
be in charge of [biː ɪn ˈtʃɑːdʒ əv]	verantwortlich sein für

INFOKASTEN

Man kann entweder sagen *be responsible for* oder *be in charge of*, um einen Verantwortlichkeitsbereich auszudrücken.

deal with [diːl wɪð]
sich befassen mit, erledigen

I deal with shipping and transport documentation.
Ich erledige Versand- und Transportdokumente.

process [ˈprəʊses]
bearbeiten

We will process your request within one week.
Wir werden Ihre Anfrage innerhalb einer Woche bearbeiten.

responsibility [rɪspɒnsəˈbɪlətɪ]
Verantwortung, Aufgabe

incoming [ˈɪnkʌmɪŋ]
eingehend

outgoing [ˈaʊtgəʊɪŋ]
ausgehend

secretarial [sekrəˈteərɪəl]
Sekretariats…

paperwork [ˈpeɪpəwɜːk]
Schreibarbeit, Papierkram *fam*

Many employees complain of too much paperwork.
Viele Angestellte beschweren sich über zu viel Papierkram.

typing error [ˈtaɪpɪŋ ˈerə]
Tippfehler

correspondence [kɒrəˈspɒndəns]
Schriftwechsel, Korrespondenz

copy [ˈkɒpɪ]
Kopie, kopieren

draft [drɑːft]
entwerfen, Entwurf

file [faɪl]
(Akten-)Ordner, Datei, ablegen, einordnen

I'll open a new file for the marketing project.
Ich werde eine neue Akte für das Marketingprojekt anlegen.

present [prɪˈzent]
vortragen, vorstellen

He'll present the results of our sales promotion.
Er wird die Ergebnisse unserer Verkaufs-kampagne präsentieren.

finalize [ˈfaɪnəlaɪz]
abschließen

run [rʌn]
leiten, betreiben, bedienen

The team is run by the marketing manager.
Das Team wird vom Marketing-Manager geführt.

involve [ɪnˈvɒlv]
beinhalten

accountable [əˈkaʊntəbl]
verantwortlich, rechenschaftspflichtig

The managing director is accountable to the shareholders.
Der Geschäftsführer ist den Aktionären gegenüber rechenschaftspflichtig.

administration [ədmɪnɪˈstreɪʃən]
Verwaltung, Regierung

administrative work
[ədˈmɪnɪstrətɪv wɜːk]
Verwaltungsarbeit

red tape *fig* [red ˈteɪp]
Amtsschimmel *fig*, Papierkrieg

Red tape can deter people from founding new businesses.
Der Amtsschimmel kann Leute von einer Geschäftsgründung abhalten.

BERUF UND ARBEIT

1. Arbeit

profession [prəˈfeʃən]   Beruf
  She works in the legal profession.   Sie arbeitet im Anwaltsberuf.
professional [prəˈfeʃənl]   beruflich, Berufs…
occupation [ɒkjʊˈpeɪʃən]   Beruf, Tätigkeit
  What is your occupation?   Was machen Sie beruflich?
job [dʒɒb]   Arbeit, Stelle, Aufgabe
  It's my job to deal with the   Meine Aufgabe ist es, die Korrespondenz
  correspondence.   zu erledigen.

INFOKASTEN

Bei *job* braucht man die Artikel *a* oder *the*. Bsp.: *He has found a good job.* Er hat einen guten Job gefunden.
Work hingegen ist unzählbar, d.h. der Begriff wird ohne Artikel verwendet. Bsp.: *He has found work in the factory.* Er hat Arbeit in der Fabrik gefunden.

---

permanent [ˈpɜːmənənt]   unbefristet
job sharing [dʒɒb ˈʃeərɪŋ]   Jobsharing, Arbeitsplatzteilung
work [wɜːk]   Arbeit, arbeiten
  He's at work.   Er ist bei der Arbeit.
out of work [aʊt əv ˈwɜːk]   arbeitslos
work a machine [wɜːk ə məˈʃiːn]   eine Maschine bedienen
work experience   Berufserfahrung, Praktikum
[wɜːk ɪkˈspɪərɪəns]
  I have three years' work experience.   Ich habe drei Jahre Berufserfahrung.
work schedule [wɜːk ˈʃedjuːl]   Arbeitsplan
work permit [wɜːk ˈpɜːmɪt]   Arbeitserlaubnis
workplace [ˈwɜːkpleɪs]   Arbeitsplatz
worker [ˈwɜːkə]   Arbeiter(in)
full-time worker [ˈfʊltaɪm ˈwɜːkə]   Vollzeitkraft
part-time worker   Teilzeitkraft
[ˈpɑːttaɪm ˈwɜːkə]
part-time [ˈpɑːttaɪm]   (in) Teilzeit…, stundenweise

She works as a part-time nurse.	Sie arbeitet in Teilzeit als Krankenschwester.
temporary worker ['tempərərɪ 'wɜːkə]	Aushilfskraft
temp [temp]	Aushilfe, Aushilfskraft
We employ temps during busy periods.	Wir stellen in Stoßzeiten Aushilfskräfte an.
casual worker ['kæʒuəl 'wɜːkə]	Gelegenheitsarbeiter(in)
flexitime ['fleksɪtaɪm]	Gleitzeit
teleworking ['telɪwɜːkɪŋ]	Telearbeit
Teleworking is often suitable for working mothers.	Telearbeit ist für berufstätige Mütter oft geeignet.

INFOKASTEN

Unter *teleworking* versteht man Arbeit, die von zu Hause aus mit Hilfe eines PCs erledigt werden kann. Der Arbeitnehmer muss nicht an einer Arbeitsstelle sein.

official [ə'fɪʃəl]	offiziell, amtlich, Beamter/Beamtin
official business [ə'fɪʃəl 'bɪznɪs]	Dienstsache
freelance ['friːlæns]	freiberuflich tätig sein
freelancer ['friːlænsə]	Freiberufler(in), freie(r) Mitarbeiter(in)
She works as a freelancer.	Sie arbeitet als Freiberuflerin.
self-employed [selfɪm'plɔɪd]	selbstständig erwerbstätig
She is a self-employed interior designer.	Sie ist eine selbstständige Innenarchitektin.
blue-collar worker [bluː'kɒlə 'wɜːkə]	Arbeiter(in)

INFOKASTEN

Für *blue-collar worker* kann man auch *labourer* oder *manual worker* sagen.

white-collar worker [waɪt'kɒlə 'wɜːkə]	Angestellte(r), Büroangestellte(r)
labourer ['leɪbərə]	Arbeiter(in), Arbeitskraft
shift work ['ʃɪft wɜːk]	Schichtarbeit

workforce [ˈwɜːkfɔːs] — Arbeiterschaft, Belegschaft
They have a skilled workforce. — Sie haben ausgebildete Arbeitskräfte.

workplace [ˈwɜːkpleɪs] — Arbeitsplatz

working conditions pl — Arbeitsbedingungen
[ˈwɜːkɪŋ kənˈdɪʃənz]

working hours pl [ˈwɜːkɪŋ ˈaʊəz] — Arbeitszeiten
My working hours vary from week to week. — Meine Arbeitszeiten sind jede Woche unterschiedlich.

workload [ˈwɜːkləʊd] — Arbeitsbelastung, Arbeitspensum
I have a heavy workload. — Ich habe eine hohe Arbeitsbelastung.

employ [ɪmˈplɔɪ] — beschäftigen, anstellen

employed [ɪmˈplɔɪd] — berufstätig, erwerbstätig
She is employed on a part-time basis. — Sie arbeitet Teilzeit.

employee [ɪmplɔɪˈiː] — Arbeitnehmer(in), Angestellte(r)

employer [ɪmˈplɔɪə] — Arbeitgeber(in)

employment [ɪmˈplɔɪmənt] — Arbeit, Stellung, Beschäftigung

full employment — Vollbeschäftigung
[fʊl ɪmˈplɔɪmənt]

unemployed [ʌnɪmˈplɔɪd] — arbeitslos

unemployment [ʌnɪmˈplɔɪmənt] — Arbeitslosigkeit

unemployment insurance — Arbeitslosenversicherung
[ʌnɪmˈplɔɪmənt ɪnˈʃʊərəns]

register [ˈredʒɪstə] — Register, (sich) anmelden
She registered as unemployed this morning. — Sie hat sich heute Morgen arbeitslos gemeldet.

overtime [ˈəʊvətaɪm] — Überstunden
You may be required to work unpaid overtime. — Sie werden vielleicht unbezahlte Überstunden machen müssen.

sick leave [ˈsɪk liːv] — Krankenurlaub

be on sick leave [biː ɒn ˈsɪk liːv] — krank geschrieben sein

sick note [ˈsɪk nəʊt] — Krankmeldung

paid maternity leave — Mutterschutz
[peɪd məˈtɜːnɪtɪ liːv]

National Insurance BE — Sozialversicherung
[ˈnæʃənəl ɪnˈʃʊərəns]
UK employees have to pay National Insurance. — Britische Arbeitnehmer müssen Sozialversicherungsbeiträge zahlen.

health insurance
[helθ ɪnˈʃʊərəns]

Krankenversicherung

INFOKASTEN

Falls ein Arbeitnehmer in Großbritannien keine private Krankenversicherung abgeschlossen hat, wird er durch den *National Health Service (NHS)*, die gesetzliche Krankenkasse versichert. Dagegen gibt es in den USA keine vergleichbare
gesetzliche Krankenversicherung. Manche Arbeitnehmer sind über ihren Arbeit-
geber versichert; viele haben jedoch überhaupt keine Versicherung. *Medicare*
und *Medicaid* sind staatliche Gesundheitsprogramme für Ältere und Arme.

2. Bewerben

applicant [ˈæplɪkənt]
The standard of applicants has
been high.

Bewerber(in)
Das Niveau der Bewerber ist sehr
hoch gewesen.

apply for a job
[əˈplaɪ fɔːr ə dʒɒb]

sich um eine Stelle bewerben

job application
[dʒɒb æplɪˈkeɪʃən]
Do you need any help with your
job application?

Bewerbung

Brauchen Sie Hilfe bei Ihrer Bewerbung?

letter of application
[ˈletə əv æplɪˈkeɪʃən]

Bewerbungsschreiben

vacancy [ˈveɪkənsɪ]
They advertised the vacancy.

freie Stelle
Sie haben die Stelle ausgeschrieben.

advertise [ˈædvətaɪz]

werben für, annoncieren, inserieren

advertisement [ədˈvɜːtɪsmənt]

Werbung, Anzeige, Inserat

classified advertisements *pl*
[ˈklæsɪfaɪd ədˈvɜːtɪsmənts]

Kleinanzeigen

fill [fɪl]
The position has already been filled.

besetzen, (aus)füllen
Die Stelle wurde schon vergeben.

job centre *BE* [ˈdʒɒb ˈsentə]

Arbeitsamt

employment agency
[ɪmˈplɔɪmənt ˈeɪdʒənsɪ]

(private) Stellenvermittlung

recruitment agency   Stellenvermittlung
[rɪˈkruːtmənt ˈeɪdʒənsɪ]

INFOKASTEN

Im amerikanischen Englisch übersetzt man Arbeitsamt oder Arbeitsagentur mit *labor exchange*. Im britischen Englisch dagegen mit *job centre*. *Recruitment agencies* sind normalerweise private Stellenvermittlungsfirmen.

job description   Tätigkeitsbeschreibung
[dʒɒb dɪˈskrɪpʃən]
job interview [dʒɒb ˈɪntəvjuː]   Vorstellungsgespräch
curriculum vitae   Lebenslauf
[kəˈrɪkjʊləm ˈviːtaɪ]
CV [siːˈviː]   Lebenslauf
   I enclose my CV together with a   Ich lege meinen Lebenslauf und eine
   copy of my certificate.   Zeugniskopie bei.

INFOKASTEN

Im britischen Englisch spricht man von einem *CV (Curriculum vitae)* als Übersetzung für Lebenslauf. Im amerikanischen Englisch wird eher der Begriff *résumé* gebraucht.

tabular [ˈtæbjʊlə]   tabellarisch
covering letter [ˈkʌvərɪŋ ˈletə]   Anschreiben
certificate [səˈtɪfɪkət]   Bescheinigung, Urkunde
reference [ˈrefərəns]   Referenz, Zeugnis
   Please provide us with a reference.   Bitte legen Sie uns ein Zeugnis vor.
qualification [kwɒlɪfɪˈkeɪʃən]   Qualifikation, Zeugnis
key qualification   Schlüsselqualifikation
[kiː kwɒlɪfɪˈkeɪʃən]
   She possesses the key qualifications   Sie verfügt über die Schlüssel-
   required for the job.   qualifikationen für diesen Job.
qualifying period   Probezeit
[ˈkwɒlɪfaɪɪŋ ˈpɪərɪəd]
trial period [ˈtraɪəl ˈpɪərɪəd]   Probezeit

unqualified [ʌnˈkwɒlɪfaɪd]	unqualifiziert, nicht qualifiziert
He is unqualified for this post.	Er ist für diese Stelle unqualifiziert.
skill [skɪl]	Fertigkeit, Kenntnis
skilled [skɪld]	geschickt, ausgebildet
semi-skilled [semɪˈskɪld]	angelernt
contract [ˈkɒntrækt]	Vertrag, Vereinbarung
Please fill in and sign the contract.	Bitte füllen Sie den Vertrag aus und unterschreiben Sie ihn.
contract of employment [ˈkɒntrækt əv ɪmˈplɔɪmənt]	Arbeitsvertrag
hire [haɪə]	einstellen
We have hired a new secretary.	Wir haben eine neue Sekretärin eingestellt.
recruit [rɪˈkruːt]	(an)werben, gewinnen
recruitment [rɪˈkruːtmənt]	(An-)Werbung, Personalbeschaffung
promote [prəˈməʊt]	befördern
promotion [preˈməʊʃən]	Beförderung
dismiss [dɪsˈmɪs]	entlassen
dismissal [dɪsˈmɪsəl]	Entlassung
make s.o. redundant [meɪk ˈsʌmwʌn rɪˈdʌndənt]	jdm. kündigen
sack *fam* [sæk]	entlassen, feuern *fam*
The boss sacked John. *fam*	Der Chef hat John gefeuert. *fam*
get the sack *fam* [get ðə ˈsæk]	gefeuert werden *fam*

INFOKASTEN

Umgangssprachlich wird statt *dismiss* oft auch *sack* (rausschmeißen) oder *fire* (feuern) verwendet. *I was sacked/I got the sack* bedeutet: Ich wurde rausgeschmissen/gefeuert.

quit [kwɪt]	kündigen
I'm quitting at the end of the month.	Ich habe zum Monatsende gekündigt.
resign [rɪˈzaɪn]	kündigen, zurücktreten
He has resigned to take up a better position.	Er hat gekündigt, um eine bessere Stelle anzunehmen.
resignation [rezɪgˈneɪʃən]	Rücktritt, Kündigung

notice [ˈnəʊtɪs]

Kündigung

She handed in her notice this morning.

Sie hat heute Morgen ihre Kündigung eingereicht.

give s.o. notice
[gɪv ˈsʌmwʌn ˈnəʊtɪs]

jdm. kündigen, bei jdm. kündigen

period of notice
[ˈpɪərɪəd əv ˈnəʊtɪs]

Kündigungsfrist

retirement [rɪˈtaɪəmənt]

Ruhestand

pay [peɪ]

Bezahlung, bezahlen

salary [ˈsæləri]

Gehalt

We weren't able to meet her salary expectations.

Wir konnten ihre Gehaltserwartungen nicht erfüllen.

INFOKASTEN

Salary verdient man monatlich, *wage* dagegen wird wöchentlich, meist für *manual work* (körperliche Arbeit) bezahlt.

---

gross salary [grəʊs ˈsæləri]

Bruttogehalt

net salary [net ˈsæləri]

Nettogehalt

salaried [ˈsælərɪd]

angestellt

wage [weɪdʒ]

Lohn

She earns the minimum wage.

Sie verdient den Mindestlohn.

hourly wage [ˈaʊəli weɪdʒ]

Stundenlohn

earn [ɜːn]

verdienen, bringen

earnings *pl* [ˈɜːnɪŋz]

Verdienst, Ertrag

make money [meɪk ˈmʌni]

Geld verdienen

premium [ˈpriːmɪəm]

Bonus, Prämie

bonus [ˈbəʊnəs]

Prämie

Employees are awarded performance-related bonuses.

Den Mitarbeitern werden leistungsabhängige Prämien gezahlt.

remuneration [rɪmjuːnəˈreɪʃən]

Bezahlung, Belohnung

remuneration in kind
[rɪmjuːnəˈreɪʃən ɪn kaɪnd]

Sachbezüge

rise [raɪz]

Anstieg, Gehaltserhöhung

I've been given a ten per cent rise.

Ich habe eine zehnprozentige Gehaltserhöhung bekommen.

INFOKASTEN

Rise (ansteigen) und *raise* (anheben) werden oft verwechselt. Das Verb *rise* braucht kein Objekt, während das Verb *raise* immer von einem Objekt gefolgt sein muss.

Bsp.: *Food prices are rising.* Die Nahrungsmittelpreise steigen.
The supermarkets raised the food prices. Die Supermärkte haben die Nahrungsmittelpreise angehoben.

holiday *BE* [ˈhɒlɪdeɪ]	Urlaub, Ferien, Feiertag
vacation *AE* [veɪˈkeɪʃən]	Ferien, Urlaub

INFOKASTEN

Holiday (BE) und *vacation (AE)* werden oft falsch verwendet. Will man ausdrükken, dass man in Urlaub fährt, heißt es richtig: *to go on holiday/vacation.* Befindet man sich gerade im Urlaub, heißt es: *to be on holiday (at the moment).*

leave [liːv]   Urlaub
I do not have much annual leave.   Ich habe nicht so viel Urlaub im Jahr.

3. Aus- und Weiterbildung

train [treɪn]	ausbilden, schulen
trainee [treɪˈniː]	Auszubildende(r), Lehrling, Praktikant(in)
training course [ˈtreɪnɪŋ kɔːs]	Ausbildung, Lehre, Schulung
apprentice [əˈprentɪs]	Lehrling, Auszubildende(r)
He works as an apprentice butcher.	Er ist Metzgerlehrling.
apprenticeship [əˈprentɪsʃɪp]	Lehre, Ausbildung

INFOKASTEN

Das britische Ausbildungssystem unterscheidet sich stark vom deutschen. Eine betriebliche Ausbildung ist eher selten. Den Begriff Lehre kann man mit *apprenticeship* übersetzen, wenn er in Zusammenhang mit körperlicher Arbeit oder handwerklichen Berufen steht. Im Angestelltenbereich verwendet man *traineeship*.

vocational [vəʊˈkeɪʃənəl]
Berufs…
  He decided to do a vocational training course.
  Er hat sich für eine Berufsausbildung entschieden.

on-the-job training [ˈɒnðədʒɒb ˈtreɪnɪŋ]
Ausbildung am Arbeitsplatz

in-service training [ˈɪnsɜːvɪs ˈtreɪnɪŋ]
innerbetriebliche Ausbildung

practical training [ˈpræktɪkəl ˈtreɪnɪŋ]
Praktikum

internship [ˈɪntɜːnʃɪp]
Praktikum, Volontariat
  He completed a six-week internship with a law firm.
  Er hat ein sechswöchiges Praktikum bei einer Anwaltskanzlei abgeschlossen.

retraining [riːˈtreɪnɪŋ]
Umschulung

scheme [skiːm]
Plan, Programm, System
  Our employees participate in various training schemes.
  Unsere Mitarbeiter nehmen an unterschiedlichen Ausbildungsprogrammen teil.

career [kəˈrɪə]
Karriere, Laufbahn
  She is very career-oriented.
  Sie ist sehr karriereorientiert.

graduate [ˈgrædʒʊət]
Hochschulabsolvent(in)

multilingual [mʌltɪˈlɪŋgwəl]
mehrsprachig

4. Aufgaben

duty [ˈdjuːtɪ]
Aufgabe, Pflicht

function [ˈfʌŋkʃən]
Funktion, Aufgabe
  What is her function within the company?
  Was sind ihre Aufgaben innerhalb des Unternehmens?

task [tɑːsk]
Aufgabe

field of activity [fiːld əv ækˈtɪvɪtɪ]
Tätigkeitsfeld

responsible for [rɪˈspɒnsəbl fɔː]
verantwortlich für

responsibility [rɪspɒnsəˈbɪlətɪ]
Verantwortung

area of responsibility [ˈeərɪə əv rɪspɒnsəˈbɪlətɪ]
Verantwortungsbereich

perform [pəˈfɔːm]
leisten, erfüllen

performance [pəˈfɔːməns]	Erfüllung, Durchführung, Leistung
We will monitor your performance on a continual basis.	Wir werden ihre Leistung fortlaufend überwachen.
attend to [əˈtend tu]	sich kümmern um, erledigen
instruction [ɪnˈstrʌkʃən]	Anweisung
Your supervisor will give you instructions.	Ihr Dienstvorgesetzter wird Ihnen Anweisungen geben.
organize [ˈɔːɡənaɪz]	organisieren, planen, sorgen für
sign [saɪn]	unterschreiben
sign for [saɪn ˈfɔː]	den Empfang bestätigen
sign in [saɪn ˈɪn]	sich eintragen
sign up [saɪn ˈʌp]	(sich) verpflichten, anstellen
accountability [əkaʊntəˈbɪləti]	Verantwortlichkeit
account for [əˈkaʊnts fɔː]	etwas ausmachen, etwas erklären
accountable to [əˈkaʊntəbl tuː]	jdm verantwortlich sein
photocopy [ˈfəʊtəʊkɒpi]	Fotokopie, fotokopieren
hard copy [hɑːd ˈkɒpi]	Papierausdruck, Hardcopy
Send a hard copy of your CV to the following address.	Schicken Sie einen Ausdruck Ihres Lebenslaufes an folgende Adresse.
word processing [wɜːd ˈprəʊsesɪŋ]	Textverarbeitung
post *BE* [pəʊst], **mail** *AE* [meɪl]	Post, aufgeben, mit der Post schicken

INFOKASTEN

Im britischen Englisch wird für Begriffe aus dem Postwesen stets *post* verwendet (z.B. auch bei Zusammensetzungen wie *postbox*, Briefkasten, oder *postman*, Briefträger). Im Amerikanischen verwendet man *mail*. Beim elektronischen E-Mail-Verkehr spricht man auch im britischen Englisch von *mail*.

postage [ˈpəʊstɪdʒ]	Porto, Gebühr
postage due [ˈpəʊstɪdʒ djuː]	Strafporto, Nachporto
postcode [ˈpəʊstkəʊd]	Postleitzahl
postdate [pəʊstˈdeɪt]	vordatieren
predate [priːˈdeɪt]	vorausgehen, zurückdatieren
postmark [ˈpəʊstmɑːk]	Poststempel

1. Besprechungen

chat [tʃæt]	informelles Gespräch
brainstorming [ˈbreɪnstɒːmɪŋ]	Brainstorming
meeting [ˈmiːtɪŋ]	Treffen, Besprechung, Sitzung
team meeting [tiːm ˈmiːtɪŋ]	Teammeeting
annual general meeting (AGM) [ˈænjʊəl ˈdʒenərəl ˈmiːtɪŋ]	Jahreshauptversammlung
The annual general meeting will take place next week.	Die Jahreshauptversammlung findet nächste Woche statt.
conference [ˈkɒnfərəns]	Konferenz, Sitzung
board [bɔːd]	Vorstand, Direktorium
The board sets corporate strategy.	Der Vorstand bestimmt die Unternehmensstrategie.
board meeting [bɔːd ˈmiːtɪŋ]	Vorstandssitzung
call a meeting [kɔːl ə ˈmiːtɪŋ]	eine Sitzung einberufen
hold a meeting [həʊld ə ˈmiːtɪŋ]	eine Sitzung abhalten
open a meeting [ˈəʊpən ə ˈmiːtɪŋ]	eine Tagung, eine Sitzung eröffnen

INFOKASTEN

Es gibt verschiedene Möglichkeiten, eine Besprechung zu eröffnen. Wenn ein Meeting eher formeller Natur ist, sagt der/die Vorsitzende:
Ladies and Gentlemen, I declare the meeting open. Meine Damen und Herren, die Sitzung ist eröffnet.
Geht es weniger formell zu, kann man auch einfach sagen:
Right, shall we get down to business oder *OK, let's get started.* Okay, lassen Sie uns gleich anfangen/loslegen/zur Sache kommen.

close a meeting [kləʊz ə ˈmiːtɪŋ]	eine Tagung schließen, beenden
schedule [ˈʃedjuːl]	Zeitplan, terminieren, ansetzen
reschedule [riːˈʃedjuːl]	(vor)verlegen
The meeting has been rescheduled for tomorrow.	Das Treffen ist auf morgen vorverlegt worden.
interrupt [ɪntəˈrʌpt]	unterbrechen

INFOKASTEN

Um jemanden während einer Sitzung zu unterbrechen, sollte man im Englischen höflich und vor allem indirekt sein. Mögliche Formulierungen sind:
If I may just interrupt you for a second, …
Wenn ich Sie für einen Moment unterbrechen darf, …
I wonder if I could just add that … Dürfte ich kurz ergänzen, dass …
Sorry, but could I perhaps say something at this point?
Entschuldigung, aber dürfte ich hier etwas anmerken?

delay [dɪ'leɪ]	Verspätung, Verzögerung, verzögern
postpone [pəst'pəʊn]	aufschieben, verschieben
put off [pʊt 'ɒf]	verschieben, aufschieben
cancel ['kænsəl]	absagen, stornieren
They cancelled the meeting at short notice.	Sie haben die Besprechung kurzfristig abgesagt.
adjourn [ə'dʒɜːn]	vertagen, unterbrechen
break off [breɪk 'ɒf]	abbrechen
attend [ə'tend]	teilnehmen
attendance [ə'tendəns]	Teilnahme
participant [pɑː'tɪsɪpənt]	Teilnehmer(in)
participate [pɑː'tɪsɪpeɪt]	sich beteiligen, teilnehmen
participation [pɑːtɪsɪ'peɪʃən]	Beteiligung, Teilnahme
take place [teɪk 'pleɪs]	stattfinden
gather ['gæðə]	sich treffen
chair [tʃeə]	Vorsitz, den Vorsitz führen
chairman ['tʃeəmən]	Vorsitzender
chairwoman ['tʃeəwʊmən]	Vorsitzende
chairperson ['tʃeəpɜːsən]	Vorsitzende(r)
agenda [ə'dʒendə]	Tagesordnung
item on the agenda ['aɪtəm ɒn ðɪ ə'dʒendə]	Tagesordnungspunkt
Let's move to the next item on the agenda.	Gehen wir jetzt zum nächsten Tagesordnungspunkt über.
remind s.o. of sth. [rɪ'maɪnd 'sʌmwʌn əv 'sʌmθɪŋ]	jdn. an etwas erinnern
minutes *pl* ['mɪnɪts]	Protokoll

take the minutes [teɪk ðə ˈmɪnɪts] Protokoll führen

  Who is going to take the minutes   Wer wird bei der Besprechung Protokoll

  of the meeting?   führen?

record [ˈrekɔːd] Aufzeichnung, Protokoll

for the record [fə ðə ˈrekɔːd] der Ordnung halber

record [rɪˈkɔːd] protokollieren

any other business (AOB) Sonstiges

[ˈeni ˈʌðə ˈbɪznɪs]

memo(randum) Mitteilung, Aktennotiz, Vermerk

[ˈmeməʊ (meməˈrændəm)]

discuss [dɪˈskʌs] besprechen

discussion [dɪˈskʌʃən] Besprechung

inform [ɪnˈfɔːm] informieren

brief [briːf] informieren, kurz

announce [əˈnaʊns] ankündigen

let s.b. know sth. jdm. etwas mitteilen

[let ˈsʌmbʌdɪ nəʊ ˈsʌmθɪŋ]

bring sth. up [brɪŋ ˈsʌmθɪŋ ʌp] etwas zur Sprache bringen

assess [əˈses] bewerten, (ein)schätzen

assessment [əˈsesmənt] Beurteilung, Bewertung

remark [rɪˈmaːk] Bemerkung, erwähnen

comment [ˈkɒment] Kommentar, Stellungnahme, sich äußern

contribution [kɒntrɪˈbjuːʃən] Beitrag

make a contribution einen Beitrag leisten

[meɪk ə kɒntrɪˈbjuːʃən]

objection [əbˈdʒekʃən] Einwand

decide [dɪˈsaɪd] entscheiden

decision [dɪˈsɪʒən] Entscheidung

decision making Entscheidungsfindung

[dɪˈsɪʒən ˈmeɪkɪŋ]

objective [əbˈdʒektɪv] Ziel

motion [ˈməʊʃən] Antrag

put forward a motion einen Antrag stellen

[pʊt ˈfɔːwəd ə ˈməʊʃən]

second a motion einen Antrag unterstützen

[ˈsekənd ə ˈməʊʃən]

ballot [ˈbælət] Stimmabgabe

take a vote [teɪk ə ˈvəʊt] abstimmen
  We should now take a vote on this. Wir sollten jetzt darüber abstimmen.
show of hands [ʃəʊ əv ˈhændz] Abstimmung durch Handzeichen
in favour of [ɪn ˈfeɪvər əv] dafür
against [əˈɡenst, əˈɡeɪnst] dagegen
approve [əˈpruːv] einverstanden sein, billigen
majority [məˈdʒɒrɪtɪ] Mehrheit, Majorität
majority decision Mehrheitsbeschluss
[məˈdʒɒrɪtɪ dɪˈsɪʒən]
  It was a majority decision to close Es war ein Mehrheitsbeschluss,
  the plant. die Anlage zu schließen.

2. Kundengespräche und Verhandlungen

customer [ˈkʌstəmə] Kunde/Kundin
client [ˈklaɪənt] Kunde/Kundin
customer meeting Kundengespräch
[ˈkʌstəmə ˈmiːtɪŋ]
get down to business zur Sache kommen
[get daʊn tə ˈbɪznəs]
offer [ˈɒfə] Angebot, anbieten
make an offer [meɪk ən ˈɒfə] ein Angebot machen
keep an offer open ein Angebot aufrechterhalten
[kiːp ən ˈɒfə ˈəʊpən]
propose [prəˈpəʊz] vorschlagen
proposal [prəˈpəʊzəl] Vorschlag
negotiate [nɪˈɡəʊʃɪeɪt] verhandeln
negotiation [nɪɡəʊʃɪˈeɪʃən] Verhandlung
  Negotiations have now gone into Die Verhandlungen laufen nun schon in
  a second week. der zweiten Woche.
negotiation skills pl Verhandlungsgeschick
[nɪɡəʊʃɪˈeɪʃən skɪlz]
conduct negotiations Verhandlungen führen
[kənˈdʌkt nɪɡəʊʃɪˈeɪʃənz]
negotiable [nɪˈɡəʊʃɪəbl] verkäuflich, verhandelbar
  The price is not negotiable. Der Preis ist nicht verhandelbar.

deal [diːl]	Geschäft
offer a deal [ˈɒfər ə diːl]	ein Angebot machen
negotiate a deal [nɪˈgəʊʃɪeɪt ə diːl]	ein Geschäft aushandeln
strike a deal [straɪk ə ˈdiːl]	ein Geschäft abschließen
misunderstanding [mɪsʌndəˈstændɪŋ]	Missverständnis
see to [ˈsiː tə]	sich um etwas kümmern
look into [lʊk ˈɪntə]	etwas untersuchen
go through [gəʊ ˈθruː]	etwas überprüfen
convince [kənˈvɪns]	überzeugen
persuade [pəˈsweɪd]	überreden
compromise [ˈkɒmprəmaɪz]	Kompromiss, einen Kompromiss schließen
We are not prepared to compromise on safety standards.	Wir sind nicht bereit, bei den Sicherheitsbestimmungen Abstriche zu machen.

INFOKASTEN

Ein *compromise* (Kompromiss) wird oft ausgedrückt mit *on condition that/provided that* (vorausgesetzt, dass) oder mit *as long as* (sofern bzw. wenn im Gegenzug).
Bsp.: *We would accept the price as long as you reduce the delivery time.*
Wir könnten den Preis akzeptieren, sofern Sie die Lieferzeit kürzen.

---

terms of contract *pl* [tɜːmz əv ˈkɒntrækt]	Vertragsbedingungen
meet terms [miːt ˈtɜːmz]	Bedingungen einhalten
conditions *pl* [kənˈdɪʃənz]	Bedingungen
particulars *pl* [pəˈtɪkjʊləz]	Einzelheiten
The particulars of the contract still need to be clarified.	Die Einzelheiten des Vertrags müssen noch geklärt werden.
grant a discount [grɑːnt ə ˈdɪskaʊnt]	Rabatt gewähren
find a solution [faɪnd ə səˈluːʃən]	eine Lösung finden
solve a problem [sɒlv ə ˈprɒbləm]	ein Problem lösen
provided that [prəˈvaɪdɪd ðæt]	vorausgesetzt, dass

confer [kənˈfɜː]	sich mit jdm. beraten
think sth. over	sich etwas überlegen
[θɪŋk ˈsʌmθɪŋ ˈəʊvə]	
confirm [kənˈfɜːm]	bestätigen
authority to decide	Entscheidungsbefugnis
[ɔːˈθɒrətɪ tə dɪˈsaɪd]	
agreement [əˈgriːmənt]	Vereinbarung, Abmachung
reach an agreement	eine Vereinbarung treffen
[riːtʃ ən əˈgriːmənt]	
sign a contract	einen Vertrag unterschreiben
[saɪn ə ˈkɒntrækt]	
bargain [ˈbɑːgən]	handeln, feilschen
bargaining [ˈbɑːgənɪŋ]	Verhandeln, Feilschen
concession [kənˈseʃən]	Zugeständnis
demand [dɪˈmɑːnd]	verlangen, fordern
call off [kɔːl ˈɒf]	absagen
The deal has been called off.	Das Geschäft ist abgesagt worden.
break down [breɪk ˈdaʊn]	scheitern
deadlock [ˈdedlɒk]	festgefahrene Situation
The strike has reached a deadlock.	Der Streik ist festgefahren.
final offer [ˈfaɪnəl ˈɒfə]	letztes Angebot
reject [rɪˈdʒekt]	ablehnen
settlement [ˈsetlmənt]	Abwicklung, Regelung, Abmachung
finalize [ˈfaɪnəlaɪz]	zum Abschluss bringen, abschließen
We'll finalize the contract tomorrow.	Wir werden den Vertrag morgen abschließen.

3. Meinungen ausdrücken und argumentieren

opinion [əˈpɪnɪən]	Meinung
in my opinion [ɪn maɪ əˈpɪnɪən]	meiner Meinung nach
In my opinion this is the best solution.	Meiner Meinung nach ist dies die beste Lösung.
in my view [ɪn ˈmaɪ vjuː]	meiner Ansicht nach
see [siː]	verstehen, sehen
I can see his point.	Ich verstehe, was er meint.

The way I see it, …
[ðə weɪ ˈaɪ siː ɪt]

meiner Ansicht nach …

personally [ˈpɜːsənəlɪ]

persönlich

  Personally I think we should lower the price.

  Ich persönlich glaube, dass wir den Preis reduzieren sollten.

What's your opinion?
[wɒts jɔːr əˈpɪnɪən]

Was meinen Sie dazu?

What do you think?
[wɒt duː ˈjuː θɪŋk]

Was meinen Sie?

agree [əˈgriː]

einverstanden sein

  I completely agree with you on this point.

  Bei diesem Punkt bin ich ganz Ihrer Meinung.

disagree [dɪsəˈgriː]

nicht einverstanden sein

exactly [ɪgˈzæktlɪ]

genau

  That's exactly what I think.

  Ich denke genauso.

precisely [prɪˈsaɪslɪ]

genau

suppose [səˈpəʊz]

annehmen, denken, meinen

  I suppose you might be right.

  Ich denke, Sie könnten recht haben.

suggest [səˈdʒest]

vorschlagen

claim [kleɪm]

Behauptung, behaupten

emphasize [ˈemfəsaɪz]

betonen

stress sth. [stres ˈsʌmθɪŋ]

etwas betonen

clarify [ˈklærəfaɪ]

klären, klarstellen

point out [pɔɪnt ˈaʊt]

auf etwas hinweisen

INFOKASTEN

Wenn man *emphasize*, *stress* oder *point out* verwendet, beginnt man normalerweise im Englischen mit einer abschwächenden oder vorsichtigen Einleitung, da die Bemerkung sonst als zu direkt empfunden werden kann.
Bsp.: *I would like to emphasize* … Ich möchte betonen …
I feel I must stress … Ich muss betonen …
What you said is absolutely correct, but I really have to point out that …
Sie haben absolut recht, aber ich muss darauf hinweisen, dass …

---

deny [dɪˈnaɪ]

leugnen

perhaps [pəˈhæps]

vielleicht

of course [əv ˈkɔːs]   natürlich, selbstverständlich

share [ʃeə]   teilen

  I cannot share your point of view.   Ich kann Ihre Ansicht nicht teilen.

doubt [daʊt]   Zweifel, bezweifeln

reject [ˈriːdʒekt]   ablehnen

  Unfortunately we have to reject your offer.   Leider müssen wir Ihr Angebot ablehnen.

give in [gɪv ˈɪn]   nachgeben

pros and cons *pl*   Pro und Kontra, Vor- und Nachteile
[ˈprəʊz ənd ˈkɒnz]

4. Präsentationen

present [prɪˈzent]   präsentieren, vortragen

presentation [preznˈteɪʃən]   Präsentation, Vortrag

INFOKASTEN

Bei einer Präsentation (*presentation*) kann es ratsam sein, mit einer einführenden, allgemeinen Frage oder einer kurzen, themenrelevanten Anekdote zu beginnen, um sich dadurch leichter die Aufmerksamkeit der Anwesenden zu sichern.

make a presentation   ein Präsentation durchführen
[meɪk ə preznˈteɪʃən]

press conference   Pressekonferenz
[pres ˈkɒnfərəns]

  The marketing department has arranged a press conference for Monday.   Die Marketingabteilung hat für Montag eine Pressekonferenz veranlasst.

talk [tɔːk]   Vortrag, sprechen, vortragen

  There are three main issues I'd like to talk about today.   Es gibt drei Hauptthemen, über die ich heute gerne sprechen möchte.

give a talk on sth.   einen Vortrag über etwas halten
[gɪv ə tɔːk ɒn ˈsʌmθɪŋ]

seminar [ˈsemɪnɑː]   Seminar

workshop [ˈwɜːkʃɒp]   Workshop, Arbeitstreffen

audience [ˈɔːdɪəns] — Zuschauer, Teilnehmer

facilities pl [fəˈsɪlətiːz] — Einrichtungen, Räumlichkeiten
  Which facilities would you like to book for the presentation? — Welche Räumlichkeiten möchten Sie für Ihren Vortrag reservieren?

visual aids pl [ˈvɪʒʊəl eɪdz] — visuelle Medien

transparency [trænsˈpærənsɪ] — Folie

whiteboard [ˈwaɪtbɔːd] — weiße Tafel

overhead projector [ˈəʊvəhed prəˈjektə] — Tageslichtprojektor

handout [ˈhændaʊt] — Handzettel, Tischvorlage

structure [ˈstrʌktʃə] — Aufbau, Gliederung

overview [ˈəʊvəvjuː] — Übersicht

topic [ˈtɒpɪk] — Thema

begin with [bɪˈgɪn wɪð] — anfangen mit

introduce [ɪntrəˈdjuːs] — vorstellen, einleiten

let's look at [lets ˈlʊk æt] — schauen wir auf …

let's turn to [lets ˈtɜːn tə] — wenden wir uns zu …
  Now let's turn to this year's figures. — Nun wenden wir uns den Zahlen von diesem Jahr zu.

chart [tʃaːt] — Tabelle, Schaubild

forecast [ˈfɔːkɑːst] — Prognose, Voraussage

probability [prɒbəˈbɪlətɪ] — Wahrscheinlichkeit

statistics [stəˈtɪstɪks] — Statistik

outlook [ˈaʊtlʊk] — Aussichten

cover [ˈkʌvə] — abdecken, behandeln

let's sum up [lets sʌm ˈʌp] — um zusammenzufassen …

last, but not least [ˈlɑːst bət nɒt ˈliːst] — nicht zuletzt …
  Last, but not least, we also have to consider the inflation rate. — Und nicht zuletzt müssen wir auch die Inflationsrate berücksichtigen.

that brings me to the end [ðæt brɪŋz mi: tə ðɪ ˈend] — damit beende ich …

summarize [ˈsʌməraɪz] — zusammenfassen

conclude [kənˈkluːd] — enden, abschließen, folgern

raise questions [reɪz ˈkwestʃənz] — Fragen stellen

Any questions? [enɪ ˈkwestʃənz] — Gibt es Fragen?

1. Geschäftsbriefe

letter ['letə]	Brief
business letter ['bɪznɪs 'letə]	Geschäftsbrief
draft a letter [drɑːft ə 'letə]	einen Brief aufsetzen/verfassen
letterhead ['letəhed]	Briefkopf
addressee [ədre'siː]	Empfänger(in), Adressat
recipient [rɪ'sɪpɪənt]	Empfänger(in)
sender ['sendə]	Absender(in)
return to sender (RTS) [rɪ'tɜːn tə 'sendə]	zurück an Absender
correspondence [kɒrə'spɒndəns]	Briefwechsel
printed matter ['prɪntəd 'mætə]	Drucksache
confidential [kɒnfɪ'denʃəl]	vertraulich, geheim
strictly confidential ['strɪktlɪ kɒnfɪ'denʃəl]	streng vertraulich
receive [rɪ'siːv]	bekommen, erhalten, empfangen
return [rɪ'tɜːn]	zurücksenden
Return the completed application form to the following address.	Senden Sie das ausgefüllte Bewerbungsformular an folgende Adresse.
date [deɪt]	Datum
Can you suggest a suitable date?	Können Sie einen passenden Termin vorschlagen?
suitable ['suːtəbl]	passend
unsuitable [ʌn'suːtəbl]	unpassend
convenient [kən'viːnɪənt]	passend
Would Tuesday be convenient for you?	Passt Ihnen Dienstag?
inconvenient [ɪnkən'viːnɪənt]	unpassend
subject line ['sʌbdʒekt laɪn]	Betreffzeile
reference (re.) ['refrəns]	Betreff
about [ə'baʊt]	bezüglich
About our meeting next week, could we start an hour later?	Bezüglich unserer Besprechung nächste Woche, können wir eine Stunde später anfangen?

salutation [sæljuˈteɪʃən] Anrede, Begrüßung
Dear Sir(s) [dɪə ˈsɜː(z)] Sehr geehrte Damen und Herren

INFOKASTEN

Wenn man mit *Dear Sir(s)* einen Geschäftsbrief beginnt, verwendet man als Schlussformel entweder *Yours faithfully* oder *Yours sincerely*. Immer öfter wird heute *Yours sincerely* bevorzugt, da es sich freundlicher anhört. In amerikanischen Geschäftsbriefen schreibt man einfach *Sincerely* oder *Sincerely yours*.

Dear Mr Smith [dɪə ˈmɪstə smɪθ] Sehr geehrter Herr Smith
complimentary close Schlussformel
[kɒmplɪˈmentrɪ kləʊz]
Yours faithfully [jɔːz ˈfeɪθfəlɪ] Mit freundlichen Grüßen
Yours sincerely [jɔːz sɪnˈsɪəlɪ] Mit freundlichen Grüßen
Best regards *pl* [best rɪˈgɑːdz] Liebe Grüße

INFOKASTEN

Bei E-Mails kann man informeller sein als bei Geschäftsbriefen und mit *Hello/Good morning* anfangen und mit *Best/Kind regards* enden.

signature [ˈsɪgnətʃə] Unterschrift
enclose [ɪnˈkləʊz] beifügen
enclosure [ɪnˈkləʊʒə] Anlage
for the attention of (Attn) zu Händen von
[fə θɪ əˈtenʃən əv]
with reference to mit Bezug auf
[wɪð ˈrefərəns tuː]
in reply to [ɪn rɪˈplaɪ tuː] in Beantwortung
for your information (FYI) zu Ihrer Information
[fə jɔːr ɪnfəˈmeɪʃən]
with regard to [wɪð rɪˈgɑːd tuː] bezüglich
　With regard to our appointment 　Bezüglich unseres Termins nächste Woche
　next week, I would like to confirm 　möchte ich die Uhrzeit bestätigen.
　the time.
referring to [rɪˈfɜːrɪŋ tuː] Bezug nehmend auf

regret to inform s.b.	bedauern, jdm. etwas mitteilen zu müssen
[rɪˈgret tu ɪnˈfɔːm ˈsʌmbədɪ]	
confirm [kənˈfɜːm]	bestätigen
pleased to confirm	sich freuen, bestätigen zu können
[pliːzd tə kənˈfɜːm]	
according to [əˈkɔːdɪŋ tə]	zufolge, laut
on behalf of [ɒn bɪˈhɑːf əv]	im Namen von, im Auftrag von
acknowledge [əkˈnɒlɪdʒ]	bestätigen
acknowledge receipt of	den Erhalt bestätigen
[əkˈnɒlɪdʒ rɪˈsiːt əv]	
be grateful if [bi: ˈgreɪtfl ɪf]	dankbar sein, wenn
look forward to [lʊk ˈfɔːwəd tuː]	sich freuen auf
I look forward to hearing from you again soon.	Ich freue mich, bald wieder von Ihnen zu hören.
hesitate [ˈhezɪteɪt]	zögern
Please do not hesitate to contact us.	Bitte zögern Sie nicht, sich mit uns in Verbindung zu setzen.
spelling [ˈspelɪŋ]	Buchstabieren, Schreibweise
sentence [ˈsentəns]	Satz
paragraph [pærəˈgrɑːf]	Absatz
page [peɪdʒ]	Seite
as follows [əz ˈfɒləʊz]	wie folgt
above-mentioned	oben genannt
[əbʌvˈmenʃənd]	
below [bɪˈləʊ]	unten
list [lɪst]	Liste, auflisten, aufzählen
await [əˈweɪt]	erwarten
forward [ˈfɔːwəd]	senden, schicken, weiterleiten

2. E-Mail und Fax

email [ˈiːmeɪl]	E-Mail
email address [ˈiːmeɪl ˈædres]	E-Mail-Adresse
send an email [send ən ˈiːmeɪl]	eine E-Mail schicken
Could you send me an email as soon as the date is confirmed.	Würden Sie mir bitte eine E-Mail schicken, sobald der Termin bestätigt wird.

receive [rɪˈsiːv]	empfangen
reply [rɪˈplaɪ]	Antwort, beantworten
delete [dɪˈliːt]	löschen
I'll have to delete all the junk mail.	Ich muss alle Spammails löschen.
mailing list [ˈmeɪlɪŋ lɪst]	Verteilerliste, Verteiler
incoming mail [ˈɪnkɒmɪŋ meɪl]	Posteingang
outgoing mail [ˈaʊtɡəʊɪŋ meɪl]	Postausgang
draft [drɑːft]	Entwurf
attach [əˈtætʃ]	anhängen, beifügen
attachment [əˈtætʃmənt]	Anlage
asap (as soon as possible) [eɪ es eɪ ˈpiː]	so bald wie möglich, schnellstmöglich
fax [fæks]	(Tele-)Fax, faxen
Did you get my fax? No, the paper got stuck in the machine!	Haben Sie mein Fax bekommen? Nein, es gab einen Papierstau im Faxgerät!
send a fax [send ə fæks]	ein (Tele-)Fax schicken
cover sheet [ˈkʌvə ʃiːt]	Deckblatt

3. Telefonieren

phone [fəʊn]	Telefon, anrufen
telephone [ˈtelɪfəʊn]	Telefon, anrufen
mobile (phone) [ˈməʊbaɪl (fəʊn)]	Handy, Mobiltelefon

INFOKASTEN

Der im Deutschen gebräuchliche Begriff Handy für Mobiltelefon wird nicht mit dem englischen Wort *handy* übersetzt. Im Englischen wird *handy* nur als Adjektiv gebraucht und bedeutet praktisch oder gelegen. Es besteht keine direkte Beziehung zum deutschen Begriff Handy. Dieser wird im britischen Englisch mit *mobile (phone)*, im amerikanischen mit *cell phone* übersetzt.
Einige gebräuchliche Begriffe im Zusammenhang mit *mobile phone* sind:

battery	Akku	*reception*	Empfang
charger	Ladegerät	*network*	Netz
ringtone	Klingelton	*provider*	Anbieter
text message	SMS-Nachricht		

call [kɔ:l]
There was a call for you from London.

Anruf, anrufen
Da war ein Anruf für Sie aus London.

make a call [meɪk ə 'kɔ:l]
ein Telefongespräch führen

local call ['ləʊkl kɔ:l]
Ortsgespräch

international call
[ɪntə'næʃnəl kɔ:l]
Auslandsgespräch

give s.b. a call
[gɪv 'sʌmbədɪ ə kɔ:l]
Give me a call sometime.

jdn. anrufen

Ruf mich doch mal an.

caller ['kɔ:lə]
Anrufer(in)

ring [rɪŋ]
anrufen

dial a number [daɪəl ə 'nʌmbə]
eine Nummer wählen

mobile number
['məʊbaɪl 'nʌmbə]
Handynummer

access code ['ækses kəʊd]
Einwahlnummer

country code ['kʌntrɪ kəʊd]
Landesvorwahl

area code ['eərɪə kəʊd]
Vorwahl

extension number
[ɪk'stenʃən 'nʌmbə]
His extension number is 97.

Durchwahl

Seine Durchwahl ist die siebenundneunzig.

unlisted [ʌn'lɪstɪd]
nicht im Verzeichnis

Yellow Pages pl ['jeləʊ 'peɪdʒɪz]
die Gelben Seiten

receiver [rɪ'si:və]
Hörer

speak to ['spi:k tə]
Good morning, I'd like to speak to the sales manager, please.

mit jdm. sprechen
Guten Morgen, ich möchte bitte den Verkaufsleiter sprechen.

INFOKASTEN

Wenn Sie selbst anrufen, können Sie so vorgehen: *Good morning. This is Anna Müller from Rett. May I speak to Mr Smith please?*
Hier ist Anna Müller von Rett. Kann ich bitte Herrn Smith sprechen?

---

speaking ['spi:kɪŋ]
This is Rachel Jones speaking.

am Apparat, sprechend
Rachel Jones am Apparat.

put through [pʊt ˈθruː] durchstellen, verbinden
Could you please put me through Bitte verbinden Sie mich mit der
to the export department? Exportabteilung.
be transferred [bɪ trænsˈfɜːd] weiterverbunden werden
connect someone jdn. verbinden
[kəˈnekt ˈsʌmwʌn]
reach someone [riːtʃ ˈsʌmwʌn] jdn. erreichen
have the wrong number falsch verbunden sein
[hæv ðə rɒŋ ˈnʌmbə]
call back [kɔːl ˈbæk] zurückrufen
How are you? [haʊ ɑː ˈjuː] Wie geht es Ihnen?

INFOKASTEN

Ein herzliches Willkommen ist ideal, um eine Geschäftsbeziehung zu pflegen.
Bsp.: *Oh, Mr Smith, how nice to hear from you. How are things in London?*
Schön, dass Sie anrufen, Herr Smith. Wie läuft's denn bei Ihnen in London?
Über das Wetter kann man immer sprechen, z.B. *How's the weather in London?*
(Wie ist das Wetter in London?). Meistens hört man *awful, rainy, cold and damp*
als Antwort.

busy [ˈbɪzɪ] beschäftigt, besetzt (Telefon)
I'm afraid he's busy at the moment. Es tut mir leid, aber er ist im Moment
beschäftigt.

unavailable [ʌnəˈveɪləbl] nicht erreichbar
engaged [ɪnˈgeɪdʒd] besetzt (Telefon), beschäftigt
He is currently engaged. Seine Leitung ist gerade besetzt.
hold on [həʊld ˈɒn] am Apparat bleiben, warten
hold the line [həʊld ðə ˈlaɪn] am Apparat bleiben
Please hold the line. Bitte bleiben Sie am Apparat.
voice-mail [ˈvɔɪsmeɪl] Voicemail
erase [ɪˈreɪz] löschen
To erase your message press 3. Um Ihre Nachricht zu löschen, drücken Sie
die 3.

message [ˈmesɪdʒ] Nachricht, Mitteilung
leave a message [liːv ə ˈmesɪdʒ] eine Nachricht hinterlassen
Would you like to leave a message Möchten Sie für Frau Wood eine
for Ms Wood? Nachricht hinterlassen?

text (message) [tekst (ˈmesɪdʒ)]	SMS-Nachricht
answering machine	Anrufbeantworter
[ˈɑːnsərɪŋ məˈʃiːn]	
Please leave a message on my answering machine.	Bitte sprechen Sie auf meinen Anrufbeantworter.
signal [ˈsɪgnəl]	Signalton
tone [təʊn]	Signalton
Please speak after the tone.	Bitte sprechen Sie nach dem Signalton.
take a message [teɪk ə ˈmesɪdʒ]	etwas ausrichten
Can I take a message?	Kann ich etwas ausrichten?
note [nəʊt]	Notiz, Vermerk, sich notieren
I left her a note.	Ich habe ihr einen Zettel geschrieben.
spell [spel]	buchstabieren
Could you spell your name, please?	Könnten Sie bitte Ihren Namen buchstabieren?
capital A [ˈkæpɪtl eɪ]	großes A
small b [smɔːl biː]	kleines b
dot (.) [dɒt]	Punkt
slash (/) [slæʃ]	Schrägstrich
dash (-) [dæʃ]	Bindestrich
repeat [rɪˈpiːt]	wiederholen
Could you please repeat that?	Könnten Sie das bitte wiederholen?

INFOKASTEN

So reagieren Sie, wenn Sie den Anrufer nicht verstehen: *I'm sorry, the line is very bad. I'm afraid I missed what you said. Could you please speak up/louder/more clearly?*
Es tut mir leid, aber die Verbindung ist sehr schlecht. Ich habe leider nicht alles mitbekommen. Könnten Sie bitte etwas lauter/klarer sprechen?

information [ɪnfəˈmeɪʃən]	Auskunft
details *pl* **of** [ˈdiːteɪlz əv]	Einzelheiten über
reason [ˈriːzn]	Grund
The reason I am calling is that I urgently need to talk to you about schedules.	Der Grund meines Anrufes ist, dass ich dringend mit Ihnen über die Zeitpläne sprechen muss.

question [ˈkwestʃən]	Frage, fragen
Do you have any other questions?	Haben Sie noch irgendwelche Fragen?
query [ˈkweərɪ]	(Rück-)Frage
make an appointment	einen Termin vereinbaren
[meɪk ən əˈpɔɪntmənt]	
Please make an appointment with my assistant.	Bitte vereinbaren Sie einen Termin mit meinem Assistenten.
fix [fɪks]	festlegen
Can we fix an appointment now?	Können wir jetzt einen Termin festlegen?
contact [ˈkɒntækt]	sich (wieder) in Verbindung setzen mit, kontaktieren, Kontakt(person)
get in touch with	sich in Verbindung setzen mit
[get ɪn ˈtʌtʃ wɪð]	
I'll get in touch with you about the export prices very soon.	Ich setze mich umgehend mit Ihnen wegen der Exportpreise in Verbindung.
end the call [end ðə ˈkɔːl]	das Gespräch beenden
ring off [rɪŋ ˈɒf]	auflegen
goodbye [gʊdˈbaɪ]	auf Wiederhören

INFOKASTEN

Wenn Sie das Gespräch stilvoll und freundlich beenden möchten, sagen Sie:
It's been a pleasure speaking to you.
Ich habe mich gefreut, mit Ihnen zu sprechen.
Thanks you, you've been most helpful.
Vielen Dank, Sie haben mir sehr weitergeholfen.
Informeller und persönlicher dagegen ist z.B.:
Well, I'll let you get on with your work, goodbye.
Ich halte Sie/dich schon zu lange von Ihrer/deiner Arbeit ab. Auf Wiederhören.
Man antwortet: *You're welcome.* Bitte! Gern geschehen.

Thank you for calling.	Vielen Dank für Ihren Anruf.
[θæŋk juː fə ˈkɔːlɪŋ]	
You're welcome. [jʊə ˈwelkəm]	gern geschehen, keine Ursache
Have a nice day! [hæv ə naɪs ˈdeɪ]	Einen schönen Tag noch!
regards [rɪˈgɑːdz]	Grüße
Please give my regards to Ms Wood.	Bitte grüßen Sie Frau Wood von mir.
hang up [hæŋ ˈʌp]	auflegen

1. Buchen und Reservieren

book [bʊk]
buchen, reservieren

booking [ˈbʊkɪŋ]
Buchung, Reservierung

reservation [rezəˈveɪʃən]
Reservierung, Vorbestellung, Vorbehalt

Would you like to make a reservation?   Möchten Sie reservieren?

reserve [rɪˈzɜːv]
reservieren (lassen)

confirm a booking
eine Buchung bestätigen
[kənˈfɜːm ə ˈbʊkɪŋ]

Please confirm the booking by fax.   Bitte bestätigen Sie die Buchung per Fax.

make arrangements
Vorbereitungen treffen
[meɪk əˈreɪndʒmənts]

arrange a meeting
eine Besprechung vereinbaren
[əˈreɪndʒ ə ˈmiːtɪŋ]

schedule [ˈʃedjuːl]
Zeitplan, Terminplan, planen, ansetzen

The meeting is scheduled for
next week.
Die Besprechung ist für nächste Woche
geplant.

scheduling [ˈʃedjuːlɪŋ]
Terminplanung

diary [ˈdaɪərɪ]
Terminkalender

I will put it in my diary.   Ich trage es in meinen Terminkalender ein.

check one's diary
im Terminkalender nachsehen
[tʃek wʌnz ˈdaɪərɪ]

travel agency [ˈtrævl ˈeɪdʒənsɪ]
Reisebüro

destination [destɪˈneɪʃən]
Reiseziel

arrival date [əˈraɪvl deɪt]
Ankunftsdatum

departure date [dɪˈpɑːtʃə deɪt]
Abreisedatum

itinerary [aɪˈtɪnərərɪ]
Reiseroute, Ablauf (einer Reise)

accommodation [əkɒməˈdeɪʃən]
Unterkunft

Do we need accommodation during
the trade fair?
Brauchen wir während der Messe
Unterkunftsmöglichkeiten?

vacancies pl [ˈveɪkənsiːz]
freie Zimmer

fully booked [ˈfʊlɪ bʊkt]
ausgebucht

abroad [əˈbrɔːd]
im/ins Ausland

overseas [əʊvəˈsiːz]
Übersee…, Auslands…, ausländisch,
im Ausland

passport [ˈpɑːspɔːt]	Reisepass
valid [ˈvælɪd]	gültig
visa [ˈviːzə]	Visum
apply for a visa	ein Visum beantragen
[əˈplaɪ fər ə ˈviːzə]	
city centre [ˈsɪtɪ ˈsentə]	Stadtzentrum
near [nɪə]	in der Nähe von
hotel facilities *pl*	Hoteleinrichtungen
[həʊˈtel fəˈsɪlətiːz]	
We would like to have details of your hotel's sports facilities.	Wir würden gerne Einzelheiten über die hoteleigenen Sporteinrichtungen erfahren.
ticket [ˈtɪkɪt]	Fahrkarte
fare [feə]	Fahrpreis, Flugpreis
train ticket [treɪn ˈtɪkɪt]	Bahnfahrkarte
flight ticket [flaɪt ˈtɪkɪt]	Flugkarte
single ticket [ˈsɪŋgl ˈtɪkɪt]	einfache Fahrt
return ticket [rɪˈtɜːn ˈtɪkɪt]	hin und zurück, Rückfahrkarte
I would like a first class return ticket to Manchester.	Ich möchte eine Fahrkarte erster Klasse nach Manchester, hin und zurück.
connection [kəˈnekʃən]	Verbindung, Anschluss
traveller's cheque	Reisescheck
[ˈtrævələz tʃek]	
business class [ˈbɪznɪs klɑːs]	erste Klasse, Business Klasse
economy class [ɪˈkɒnəmɪ klɑːs]	zweite Klasse(-Abteil)
travel allowance [ˈtrævl əˈlaʊəns]	Reisekostenvergütung
travelling expenses *pl*	Reisespesen
[ˈtrævəlɪŋ ɪkˈspensɪz]	
You can reclaim any travelling expenses.	Sie können jegliche Reisekosten zurückfordern.
receipt [rɪˈsiːt]	Beleg, Quittung
reimburse [riːɪmˈbɜːs]	erstatten

2. Unterwegs

airport [ˈeəpɔːt]	Flughafen
airline [ˈeəlaɪn]	Fluglinie

flight [flaɪt]	Flug
scheduled flight [ˈʃedjuːld flaɪt]	Linienflug
connecting flight [kəˈnektɪŋ flaɪt]	Anschlussflug
My connecting flight leaves in one hour.	Mein Anschlussflug fliegt in einer Stunde ab.
non-stop flight [ˈnɒnstɒp flaɪt]	Direktflug
domestic flight [dəˈmestɪk flaɪt]	Inlandflug
take off [teɪk ˈɒf]	abfliegen, abheben
land [lænd]	landen
delay [dɪˈleɪ]	Verspätung
The flight is delayed by two hours.	Der Flug hat zwei Stunden Verspätung.
cancel [ˈkænsl]	stornieren, absagen
All flights to Heathrow have been cancelled due to bad weather.	Wegen schlechten Wetters wurden alle Flüge nach Heathrow abgesagt.
terminal [ˈtɜːmɪnəl]	Terminal, Abfertigungsgebäude
check-in [ˈtʃekɪn]	Abfertigung(sschalter), Check-In-Schalter
desk [desk]	Schalter, Rezeption
arrival lounge [əˈraɪvl laʊndʒ]	Ankunftshalle
departure lounge [dɪˈpɑːtʃə laʊndʒ]	Abflughalle
disabled access [dɪsˈeɪbld ˈækses]	behindertengerechter Zugang
gate [geɪt]	Flugsteig
boarding pass [ˈbɔːdɪŋ pɑːs]	Bordkarte
You must show your boarding pass when entering the aircraft.	Sie müssen Ihre Bordkarte beim Einsteigen in die Maschine vorzeigen.
baggage [ˈbægɪdʒ]	Gepäck
baggage claim [ˈbægɪdʒ kleɪm]	Gepäckausgabe
hand luggage [hænd ˈlʌgɪdʒ]	Handgepäck
briefcase [ˈbriːfkeɪs]	Aktentasche
announcement [əˈnaʊnsmənt]	Durchsage, Ansage
surcharge [ˈsɜːtʃɑːdʒ]	Zuschlag
The airline has increased its fuel surcharge.	Die Fluggesellschaft hat ihren Treibstoffzuschlag erhöht.
public transport [ˈpʌblɪk ˈtrænspɔːt]	öffentliche Verkehrsmittel
traffic [ˈtræfɪk]	Verkehr

train [treɪn]	Zug
train station [treɪn ˈsteɪʃən]	Bahnhof
railway [ˈreɪlweɪ]	(Eisen-)Bahn
platform *BE* [ˈplætfɔːm]	Bahnsteig, Gleis
The train leaves from platform six.	Der Zug fährt von Bahnsteig sechs ab.
track *AE* [træk]	Bahnsteig, Gleis

INFOKASTEN

Im britischen Englisch wird für Bahnsteig/Gleis *platform* verwendet. Im amerikanischen Englisch spricht man dagegen von *track*. Bsp.: *The train is now leaving from track nine.* Auf Gleis neun fährt ab …

catch a train [kætʃ ə ˈtreɪn]	einen Zug erreichen
miss a train [mɪs ə ˈtreɪn]	einen Zug verpassen
change trains [tʃeɪndʒ ˈtreɪnz]	umsteigen
I will have to change trains in Liverpool.	Ich muss in Liverpool umsteigen.
time of arrival [taɪm əv əˈraɪvl]	Ankunftszeit
expected time of arrival (eta) [ɪksˈpektɪd taɪm əv əˈraɪvl]	voraussichtliche Ankunftszeit
actual time of arrival [ˈæktʃʊəl taɪm əv əˈraɪvl]	(tatsächliche) Ankunftszeit
time of departure [taɪm əv dɪˈpɑːtʃə]	Abflugzeit, Abfahrtszeit
waiting room [ˈweɪtɪŋ ruːm]	Wartesaal
timetable [ˈtaɪmteɪbl]	Fahrplan
first class [fɜːst ˈklɑːs]	erste Klasse(-Abteil)
supplement [ˈsʌplɪmənt]	Zuschlag
Passengers must pay a supplement for express trains.	Für Schnellzüge ist ein Zuschlag zu entrichten.
left-luggage office [leftˈlʌgɪdʒ ˈɒfɪs]	Gepäckaufbewahrung
left-luggage locker [leftˈlʌgɪdʒ ˈlɒkə]	Schließfach
seat reservation [siːt resəˈveɪʃən]	Platzreservierung
compartment [kəmˈpɑːtmənt]	Abteil

non-smoking compartment [nɒnˈsməʊkɪŋ kəmˈpɑːtmənt]	Nichtraucherabteil
window seat [ˈwɪndəʊ siːt]	Fensterplatz
aisle seat [aɪl siːt]	(zusätzlicher) Sitz im Gang
vacant [ˈveɪkənt]	frei, nicht besetzt
occupied [ˈɒkjupaɪd]	besetzt
taken [ˈteɪkən]	besetzt
bus [bʌs]	Bus
coach *BE* [kəʊtʃ]	Reisebus
car [kɑː]	Auto
hire a car [ˈhaɪər ə kɑː]	ein Auto mieten
car hire [kɑː ˈhaɪə]	Autovermietung
car rental [kɑː ˈrentl]	Autovermietung
driving licence *BE* [ˈdraɪvɪŋ ˈlaɪsɪns]	Führerschein
Do you have an international driving licence?	Haben Sie einen internationalen Führerschein?

INFOKASTEN

Im britischen Englisch hat man eine *driving licence*. In den USA spricht man von einer *driver's license*. Beides bedeutet Führerschein.

vehicle [ˈviːəkl]	Fahrzeug
insurance [ɪnˈʃʊərəns]	Versicherung
mileage charge [ˈmaɪlɪdʒ tʃɑːdʒ]	Kilometerpauschale
rental charge [ˈrentl tʃɑːdʒ]	Mietgebühr
What is the rental charge per day?	Wie hoch ist die Mietgebühr pro Tag?
right-hand drive car [ˈraɪthænd draɪv kɑː]	Rechtslenker
car park [ˈkɑː pɑːk]	Parkplatz
no parking [nəʊ ˈpɑːkɪŋ]	Parkverbot
motorway [ˈməʊtəweɪ]	Autobahn

INFOKASTEN

In Großbritannien heißt es *motorway*, in den USA *interstate* für Autobahn.

breakdown [ˈbreɪkdaʊn]   Panne
petrol [ˈpetrəl]   Benzin

INFOKASTEN

Im britischen Englisch übersetzt man Benzin mit *petrol*, im Amerikanischen hingegen mit *gasoline* oder hiervon verkürzt *gas*. Beides bezeichnet denselben Treibstoff (*fuel*).

petrol station [ˈpetrəl ˈsteɪʃən]   Tankstelle
diesel [ˈdiːzl]   Diesel(kraftstoff)
fill up [fɪl ˈʌp]   volltanken
unleaded (petrol)   bleifrei, bleifreies Benzin
[ʌnˈledɪd (ˈpetrəl)]
speed limit [spiːd ˈlɪmɪt]   erlaubte Höchstgeschwindigkeit
  The speed limit on British   Die erlaubte Höchstgeschwindigkeit auf
  motorways is 70 mph.   britischen Autobahnen beträgt 70 Meilen
                             pro Stunde (112 km/h).
underground *BE* [ˈʌndəgraʊnd]   U-Bahn
subway *AE* [ˈsʌbweɪ]   U-Bahn

INFOKASTEN

Im amerikanischen Englisch heißt U-Bahn *subway*, im britischen Englisch sagt man *underground* – mit Ausnahme der Londoner U-Bahn, die als *tube* bezeichnet wird.

taxi *BE* [ˈtæksɪ], cab *AE* [kæb]   Taxi
taxi rank [ˈtæksɪ ræŋk]   Taxistand

3. Im Hotel

hotel reception [həʊˈtel rɪˈsepʃən]   Rezeption, Empfang
check in [tʃek ˈɪn]   sich anmelden
check out [tʃek ˈaʊt]   abreisen
single room [ˈsɪŋgl ruːm]   Einzelzimmer

double room [ˈdʌbl ruːm] — Doppelzimmer
Please quote us for three double rooms on a bed and breakfast basis for a period of four nights. — Bitte nennen Sie uns Ihren Tarif für drei Doppelzimmer mit Übernachtung und Frühstück für vier Nächte.

bed and breakfast [bed ən ˈbrekfəst] — Zimmer mit Frühstück, Übernachtung und Frühstück

half-board [hɑːfbɔːd] — Halbpension

ensuite room [ɒnˈswiːt ruːm] — Zimmer mit Bad

floor [flɔː] — Etage

bill [bɪl], **check** *AE* [tʃek] — Rechnung
Please send all bills to our company for payment. — Bitte schicken Sie zwecks Begleichung alle Rechnungen an unsere Firma.

settle the bill [ˈsetl ðə bɪl] — die Rechnung begleichen Rechnung

corporate rates *pl* [ˈkɔːpərət reɪts] — Firmentarife
Please let us have details of your corporate rates for the accommodation requested. — Bitte schicken Sie uns für die gewünschte Unterbringung Einzelheiten Ihrer Firmentarife.

stay [steɪ] — Aufenthalt

room key [ˈruːm kiː] — Zimmerschlüssel

on the first floor [ɒn ðə ˈfɜːst flɔː] — auf der ersten Etage

lift *BE* [lɪft], **elevator** *AE* [ˈeləveɪtə] — Aufzug

restaurant [ˈrestrɒnt] — Restaurant

menu [ˈmenjuː] — Speisekarte

breakfast [ˈbrekfəst] — Frühstück

INFOKASTEN

Beim Hotelfrühstück wählt man üblicherweise zwischen einem *continental breakfast* mit Kaffee, Brötchen, Croissant usw. und einem *full English breakfast*, das eher sättigend ist und *coffee, tea, muesli, porridge, sausages, fried or scrambled eggs, bacon, fried mushrooms, grilled tomatoes, baked beans*, oft auch *kippers* (warme Räuchermakrelen) sowie mehrere Scheiben *toast* mit *marmalade* (Bitterorangenmarmelade) umfasst.

breakfast buffet [ˈbrekfəst ˈbʊfeɪ] — Frühstücksbuffet

included [ɪnˈkluːdəd] — eingeschlossen, inbegriffen

opening times *pl* [ˈəʊpnɪŋ taɪmz]   Öffnungszeiten
What are the opening times for the   Wann hat das Hotelrestaurant geöffnet?
hotel restaurant?

lounge bar [ˈlaʊndʒ bɑː]   Bar
room service [ruːm ˈsɜːvɪs]   Zimmerservice
parking facilities *pl*   Parkplätze
[ˈpɑːkɪŋ fəˈsɪlətiːz]
equipped with [ɪˈkwɪpt wɪð]   ausgestattet mit
tip [tɪp]   Trinkgeld
porter [ˈpɔːtə]   Portier, Hoteldiener

4. Geschäftsessen/Smalltalk

business lunch [ˈbɪznəs lʌntʃ]   Geschäftsessen (Mittag)
dinner [ˈdɪnə]   Geschäftsessen (Abend)
invite [ɪnˈvaɪt]   einladen
invitation [ɪnvɪˈteɪʃən]   Einladung
accept an invitation   eine Einladung annehmen
[əkˈsept ən ɪnvɪˈteɪʃən]
turn down an invitation   eine Einladung ablehnen
[tɜːn daʊn ən ɪnvɪˈteɪʃən]
Due to my busy schedule, I'm sorry   Auf Grund meines vollen Terminkalenders
I must turn down your kind invitation   muss ich Ihre freundliche Einladung zum
to lunch.   Mittagessen leider ablehnen.

restaurant [ˈrestrɒnt]   Restaurant
book a table [bʊk ə ˈteɪbl]   einen Tisch reservieren
hospitality [hɒspɪˈtælətɪ]   Gastfreundlichkeit
handshake [ˈhændʃeɪk]   Handschlag, Händeschütteln
meet [miːt]   sich treffen, kennenlernen
Let's meet in the bar at 8 p.m.   Treffen wir uns um 20 Uhr in der Bar.

introduce oneself   sich vorstellen
[ɪntrəˈdjuːs wʌnˈself]
I don't think we've met. Please   Ich glaube, wir kennen uns noch nicht.
allow me to introduce myself.   Darf ich mich Ihnen deshalb vorstellen.

introduce someone   jemanden vorstellen
[ɪntrəˈdjuːs ˈsʌmwʌn]

on first-name terms
[ɒn ˈfɜːstneɪm tɜːmz]

per Du

INFOKASTEN

Wenn Sie sich bei einem englischsprachigen Geschäftspartner vorstellen, nennen Sie Ihren Vor- und Nachnamen. Seien Sie nicht überrascht, wenn Sie gleich mit dem Vornamen angesprochen werden. Dies ist durchaus üblich, auch bei Geschäftstelefonaten.

be pleased [bi ˈpliːzd]
I'm very pleased to meet you.

sich freuen
Angenehm (Ihre Bekanntschaft zu machen).

business card [ˈbɪznəs kɑːd]

Geschäftskarte, Visitenkarte

seating plan [ˈsiːtɪŋ plæn]

Sitzplan, Sitzordnung

drinks pl [drɪŋks]
Would you like to order some drinks?

Getränke
Möchten Sie Getränke bestellen?

starter [ˈstɑːtə]

Vorspeise

main course [ˈmeɪn kɔːs]

Hauptgang, Hauptgericht

dessert [dɪˈzɜːt]

Nachtisch

bill [bɪl], **check** AE [tʃek]
Could I have the bill, please?

Rechnung
Die Rechnung bitte.

credit card [ˈkredɪt kɑːd]
I would like to pay by credit card.

Kreditkarte
Ich möchte mit Kreditkarte bezahlen.

small talk [ˈsmɔːl tɔːk]
Suitable subjects for small talk are weather, travel and accommodation.

Smalltalk, Tischgespräch
Passende Themen für den Smalltalk sind das Wetter, Reisen und die Unterkunft.

a pleasant flight [ə ˈpleznt flaɪt]
Did you have a pleasant flight?

einen angenehmer Flug
Hatten Sie einen angenehmen Flug?

a comfortable hotel
[ə ˈkʌmftəbl həʊˈtel]

ein angenehmes Hotel, eine gute Unterbringung

weather [ˈweðə]
The weather is unusually warm for this time of year.

Wetter
Das Wetter ist ungewöhnlich warm für diese Jahreszeit.

sight [saɪt]
Are there any famous sights which I could visit?

Sehenswürdigkeit
Gibt es hier bekannte Sehenswürdigkeiten, die ich besuchen könnte?

DIE WIRTSCHAFT

1. Grundbegriffe

economy [ɪˈkɒnəmɪ]   Wirtschaft, Ökonomie
  The world economy is in good shape.   Die Weltwirtschaft läuft gut.
industrial economy   Industriewirtschaft
[ɪnˈdʌstrɪəl ɪˈkɒnəmɪ]
global economy   Weltwirtschaft
[ˈɡləʊbəl ɪˈkɒnəmɪ]
free market economy   freie Marktwirtschaft
[friː ˈmɑːkɪt ɪˈkɒnəmɪ]
social market economy   soziale Marktwirtschaft
[ˈsəʊʃəl ˈmɑːkɪt ɪˈkɒnəmɪ]
national economy   Volkswirtschaft
[ˈnæʃənəl ɪˈkɒnəmɪ]
world economy [wɜːld ɪkˈɒnəmɪ]   Weltwirtschaft

INFOKASTEN

Staaten werden wirtschaftlich nach verschiedenen Entwicklungsstadien gruppiert. Die wichtigsten Kategorien sind:

industrial country	Industrieland
developed country	Industrieland
developing country	Entwicklungsland
newly industrialised country	Schwellenland

---

economics [iːkəˈnɒmɪks]   Volkswirtschaftslehre, Ökonomie
economist [ɪˈkɒnəmɪst]   Volkswirtschaftler(in)
  Keynes was a famous economist.   Keynes war ein berühmter
                             Volkswirtschaftler.

globalization [ɡləʊbəlaɪˈzeɪʃən]   Globalisierung
  Globalization presents numerous   Die Globalisierung stellt uns vor zahlreiche
  challenges.   Herausforderungen.
global market [ˈɡləʊbəl ˈmɑːkɪt]   globaler Markt
domestic [dəˈmestɪk]   Innen…, Inlands…, Binnen…
home market [həʊm ˈmɑːkɪt]   Binnenmarkt

protectionism [prəˈtekʃənɪzm]

Import duties are a form of
protectionism.

Protektionismus

Einfuhrzölle sind eine Art Protektionismus.

economize [ɪˈkɒnəmaɪz]

The factory will have to economize on
manpower due to rising wage levels.

haushalten, sparen

Auf Grund steigender Löhne wird die
Fabrik Arbeitskräfte einsparen müssen.

economy measure
[ɪˈkɒnəmɪ ˈmeʒə]

Sparmaßnahme

economy drive [ɪˈkɒnəmɪ draɪv]

Sparkurs

economic/al [iːkəˈnɒmɪk/əl]

This fridge has especially
economical energy consumption.

wirtschaftlich, sparsam, rentabel

Dieser Kühlschrank hat einen besonders
sparsamen Energieverbrauch.

INFOKASTEN

Economical oder *economic* bedeuten beide wirtschaftlich und preiswert. In Zusammensetzungen, wie z.B. *economic figures* (die Wirtschaftszahlen) oder *economic targets* (Wirtschaftsziele), wird nur *economic* verwendet und zwar in der Bedeutung wirtschaftlich. Bei Zusammensetzungen heißt es dann Wirtschafts... .

---

uneconomical [ʌniːkəˈnɒmɪkəl]

It would be uneconomical to repair
this printer.

unwirtschaftlich, unökonomisch

Es wäre unwirtschaftlich, diesen Drucker
zu reparieren.

profitability [prɒfɪtəˈbɪlɪtɪ]

Rentabilität

profitable [ˈprɒfɪtəbl]

We focus on our most profitable
businesses.

rentabel

Wir konzentrieren uns auf unsere
rentabelsten Geschäfte.

INFOKASTEN

Es gibt verschiedene Synonyme für *profitable*, z.B.:

productive	produktiv, ertragreich	*remunerative*	einträglich
rewarding	lohnend	*lucrative*	lukrativ

---

unprofitable [ʌnˈprɒfɪtəbl]

division of labour
[dɪˈvɪʒən əv ˈleɪbə]

wenig einträglich, unrentabel

Arbeitsteilung

2. Wirtschaftspolitik/Volkswirtschaftslehre

economic policy
[iːkəˈnɒmɪk ˈpɒləsɪ]

Wirtschaftspolitik

economic indicators *pl*
[iːkəˈnɒmɪk ˈɪndɪkeɪtəz]

Wirtschaftsindikatoren

balance of trade
[ˈbæləns əv ˈtreɪd]

Handelsbilanz

balance of payments
[ˈbæləns əv ˈpeɪmənts]

Zahlungsbilanz

A country's balance of payments covers all economic transactions with all other countries.

Die Zahlungsbilanz eines Landes beinhaltet alle wirtschaftlichen Aktivitäten mit allen anderen Ländern.

trade surplus [treɪd ˈsɜːpləs]
Handelsüberschuss

trade deficit [treɪd ˈdefɪsɪt]
Handelsdefizit

net [net]
netto, Netto…

gross [grəʊs]
brutto, Brutto…

Gross Domestic Product (GDP)
[grəʊs dəˈmestɪk ˈprɒdʌkt]

Bruttoinlandsprodukt

In 2005 GDP rose by 4%.

2005 stieg das Bruttoinlandsprodukt um 4 %.

Gross National Product (GNP)
[grəʊs ˈnæʃənəl ˈprɒdʌkt]

Bruttosozialprodukt

inflation [ɪnˈfleɪʃən]
Inflation

Inflation erodes the value of savings.

Die Inflation zehrt den Wert von Spargeldern auf.

inflation rate [ɪnˈfleɪʃən reɪt]
Inflationsrate

curb inflation [kɜːb ɪnˈfleɪʃən]
die Inflation zügeln

The central bank has taken steps to curb the rising inflation.

Die Zentralbank hat Schritte unternommen, um die steigende Inflation zu zügeln.

deflation [dɪˈfleɪʃən]
Deflation

adjust [əˈdʒʌst]
anpassen, angleichen

The figures have been adjusted for inflation.

Die Zahlen sind inflationsbereinigt.

unemployment [ʌnɪmˈplɔɪmənt]
Arbeitslosigkeit

market forces *pl* [ˈmɑːkɪt ˈfɔːsɪz]
Marktkräfte

3. Wirtschaftssektoren

sector [ˈsɛktə]	Sektor, Branche
primary sector [ˈpraɪmərɪ ˈsɛktə]	primärer Wirtschaftssektor
agriculture [ˈægrɪkʌltʃə]	Landwirtschaft, Ackerbau
agricultural [ægrɪˈkʌltʃərəl]	landwirtschaftlich
farming [ˈfɑːmɪŋ]	Landwirtschaft
mining industry [ˈmaɪnɪŋ ˈɪndʌstrɪ]	Bergbau
secondary sector [sɛkəndərɪ ˈsɛktə]	sekundärer Wirtschaftssektor
industry [ˈɪndəstrɪ]	Industrie, Branche
industrial [ɪnˈdʌstrɪəl]	industriell, Industrie…
manufacturing sector [mænjuˈfæktʃərɪŋ ˈsɛktə]	sekundärer Sektor
manufacture [mænjuˈfæktʃə]	Herstellung, herstellen, produzieren
production [prəˈdʌkʃən]	Herstellung, Produktion
semi-finished goods *pl* [ˈsɛmɪfɪnɪʃt gʊdz]	Halberzeugnisse
finished product [ˈfɪnɪʃt ˈprɒdʌkt]	Endprodukt, Fertigprodukt
The finished product must be free from defects.	Das Endprodukt muss fehlerfrei sein.
tertiary sector [ˈtɜːʃərɪ ˈsɛktə]	tertiärer Sektor
service [ˈsɜːvɪs]	Dienstleistung
service sector [ˈsɜːvɪs ˈsɛktə]	Dienstleistungssektor

INFOKASTEN

Beispiele für Dienstleistungsbereiche sind z.B.:

wholesale and retail	Groß- und Einzelhandel
tourism	Tourismus
transport	Transportwesen
broadcasting media	Rundfunk und Fernsehen
event and conference organisation	Veranstaltungs- und Eventorganisation
healthcare	Gesundheitsvorsorge
insurance	Versicherungswesen
education and training	Aus- und Weiterbildung
advertising and marketing	Werbung und Marketing

public sector [ˈpʌblɪk ˈsektə] öffentlicher Sektor
private sector [ˈpraɪvɪt ˈsektə] Privatwirtschaft

4. Konjunktur

economic cycle Konjunktur(zyklus)
[iːkəˈnɒmɪk ˈsaɪkl]
economic upturn Konjunkturbelebung
[iːkəˈnɒmɪk ˈʌptɜːn]
economic boom Konjunkturaufschwung
[iːkəˈnɒmɪk buːm]
boom [buːm] Aufschwung, Hochkonjunktur
  China is experiencing an economic   Die chinesische Wirtschaft erlebt eine
  boom.   Hochkonjunktur.
boost [buːst] ankurbeln, fördern
  Tax cuts can boost the economy.   Steuersenkungen können die Wirtschaft
      ankurbeln.

grow [grəʊ] wachsen, zunehmen
growth [grəʊθ] Wachstum, Zunahme
economic growth Wirtschaftswachstum
[iːkəˈnɒmɪk ˈgrəʊθ]
  Since 2000 the country has enjoyed   Seit 2000 erfreut sich das Land eines
  steady economic growth.   kontinuierlichen Wirtschaftswachstums.

INFOKASTEN

Man spricht von der Konjunktur oft wie von einem Patienten.
Bsp.: *The economy is ailing.* Die Wirtschaft kränkelt momentan.
The economy is now stable. Die Wirtschaftslage ist jetzt stabil.
The economic figures are showing signs of weakness.
Die Wirtschaftszahlen zeigen sich schwach.
The economy is recovering slowly/is recuperating.
Die Wirtschaft erholt sich langsam/gesundet.

---

growth rate [ˈgrəʊθ reɪt] Wachstumsrate
year's high [jɪəz ˈhaɪ] Jahreshöchststand

soar [sɔ:]
  Profits have soared this year.

in die Höhe schnellen
  Die Gewinne sind dieses Jahr in die Höhe geschnellt.

peak [pi:k]
Hochpunkt, den Höhepunkt erreichen

remain stable [rɪˈmeɪn steɪbl]
stabil bleiben

stability [stəˈbɪlɪtɪ]
Stabilität

economic stagnation
[i:kəˈnɒmɪk stægˈneɪʃən]
Wirtschaftsstagnation

economic downturn
[i:kəˈnɒmɪk ˈdaʊntɜːn]
Konjunkturrückgang

economic slump
[i:kəˈnɒmɪk slʌmp]
Konjunktureinbruch

slump [slʌmp]
  Sales have really slumped recently.

drastisch zurückgehen, Einbruch
  Vor Kurzem sind die Umsätze drastisch zurückgegangen.

recession [rɪˈseʃən]
Rezession

lull [lʌl]
Flaute

low [ləʊ]
niedrig, gering, Tiefstand

tackle [tækl]
  The government is tackling the problem of low growth.

angehen, in Angriff nehmen
  Die Regierung geht das Problem des niedrigen Wachstums an.

bottom [ˈbɒtəm]
Tiefpunkt, Tiefstand

bottom out [ˈbɒtəm ˈaʊt]
  When will the market bottom out?

den Tiefpunkt erreichen
  Wann wird der Markt den Tiefpunkt erreichen?

decline [dɪˈklaɪn]
zurückgehen, ablehnen

decline in prices
[dɪˈklaɪn ɪn ˈpraɪsəz]
Preisverfall

decrease [ˈdɪkri:s]
Abnahme, Rückgang

decrease in demand
[ˈdɪkri:s ɪn dɪˈmɑːnd]
Nachfragerückgang

decrease [dɪˈkri:s]
abnehmen, nachlassen

fall [fɔ:l]
  Demand has fallen significantly.

Rückgang, zurückgehen, sinken, fallen
  Die Nachfrage ist stark gesunken.

recover [rɪˈkʌvə]
  Exports recovered in the first quarter.

sich erholen
  Im ersten Quartal erholten sich die Exportzahlen.

economic recovery
[iːkəˈnɒmɪk rɪˈkʌvərɪ]

Konjunkturaufschwung, Erholung

stage a recovery
[ˈsteɪdʒ ə rɪˈkʌvərɪ]

sich erholen

rally [ˈrælɪ]

Aufschwung, Erholung

reflate [riːˈfleɪt]

ankurbeln

reflation [riːˈfleɪʃən]

Reflation, Ankurbelung der Konjunktur

economic forecast
[iːkəˈnɒmɪk ˈfɔːkɑːst]

Konjunkturprognose

Their economic forecast for the
third quarter is positive.

Ihre Konjunkturprognose für das dritte
Quartal ist positiv.

short-term forecast
[ˈʃɔːttɜːm ˈfɔːkɑːst]

kurzfristige Prognose

long-term forecast
[ˈlɒŋtɜːm ˈfɔːkɑːst]

langfristige Prognose

make a forecast
[meɪk ə ˈfɔːkɑːst]

voraussagen

predict [prɪˈdɪkt]

vorhersagen

The reports predict a decrease
in demand for mobile phones.

Die Berichte sagen einen Nachfrage
rückgang bei Mobiltelefonen voraus.

make a prediction
[meɪk ə prɪˈdɪkʃən]

eine Vorhersage machen

economic outlook
[iːkəˈnɒmɪk ˈaʊtlʊk]

Konjunkturaussichten

The outlook for the world economy
is strong.

Die Aussichten für die Weltwirtschaft
sind gut.

quarter [ˈkwɔːtə]

Quartal, Viertel

trend [trend]

Verlauf, Entwicklung

upward trend [ˈʌpwəd trend]

Aufwärtsbewegung, Konjunkturanstieg

The economy has shown an upward
trend of late.

Die Wirtschaft hat kürzlich einen
Aufwärtstrend aufgewiesen.

show a trend [ʃəʊ ə ˈtrend]

ein Trend zeigen

downturn [ˈdaʊntɜːn]

Abschwung, Abwärtstrend

downward trend
[ˈdaʊnwəd trend]

Abwärtstrend

The economy is showing a
downward trend.

Die Wirtschaft weist einen Abwärtstrend
auf.

trade [treɪd]	Handel, handeln
retail trade [ˈriːteɪl ˈtreɪd]	Einzelhandel
wholesale trade [ˈhəʊlseɪl ˈtreɪd]	Großhandel
foreign trade [ˈfɒrən ˈtreɪd]	Außenhandel
export trade [ˈekspɔːt ˈtreɪd]	Ausfuhrhandel, Exporthandel
import trade [ˈɪmpɔːt ˈtreɪd]	Einfuhrhandel, Importhandel
trade balance [ˈtreɪd ˈbæləns]	Handelsbilanz
market [ˈmɑːkɪt]	Markt
domestic market [dəˈmestɪk ˈmɑːkɪt]	Binnenmarkt
home market [həʊm ˈmɑːkɪt]	Binnenmarkt
foreign market [ˈfɒrən ˈmɑːkɪt]	Auslandsmarkt
come onto the market [kʌm ˈɒntə ðə ˈmɑːkɪt]	auf den Markt kommen
A new software package has just come onto the market.	Ein neues Softwarepaket ist gerade auf den Markt gekommen.
launch (onto the market) [lɔːntʃ (ˈɒntə ðə ˈmɑːkɪt)]	auf den Markt bringen, einführen
merchant [ˈmɜːtʃənt]	Kaufmann/Kauffrau, Händler(in)
mercantile [ˈmɜːkəntaɪl]	handeltreibend, Handels…
illicit trade [ɪˈlɪsɪt treɪd]	Schwarzhandel
The illicit trade in drugs is hard to prevent.	Der Drogenhandel ist schwer zu verhindern.

1. Ankauf und Verkauf

buy [baɪ]	kaufen
buyer [ˈbaɪə]	Käufer(in), Abnehmer(in)
ultimate buyer [ˈʌltɪmət ˈbaɪə]	Endabnehmer(in)
deal [diːl]	Geschäft, Handel, Abkommen
The deal has been called off.	Das Geschäft wurde abgesagt.
dealer [ˈdiːlə]	Händler(in)
His father was an antiques dealer.	Sein Vater war Antiquitätenhändler.

bargain [ˈbɑːgɪn]	Handel, Geschäft, Schnäppchen, feilschen, (aus)handeln
This car was a real bargain.	Dieses Auto war ein echtes Schnäppchen.
purchase [ˈpɜːtʃəs]	Kauf, Anschaffung, kaufen
purchase price [ˈpɜːtʃəs ˈpraɪs]	Kaufpreis
purchase costs *pl* [ˈpɜːtʃəs kɒsts]	Anschaffungskosten
purchase quantity [ˈpɜːtʃəs ˈkwɒntətɪ]	Abnahmemenge
purchaser [ˈpɜːtʃəsə]	Käufer(in)
purchasing power [ˈpɜːtʃəsɪŋ ˈpaʊə]	Kaufkraft

INFOKASTEN

Mit dem Begriff *purchasing power* wird der Wert des Geldes in Bezug auf seine Kaufkraft bezeichnet. Angezeigt wird, was und wie viel dem Konsumenten noch von seinem Gehalt für haushaltsübliche Einkäufe bleiben. Bei steigender Inflation nimmt die Kaufkraft ab.

sell [sel]	verkaufen, sich verkaufen lassen
seller [ˈselə]	Verkäufer(in)
The seller might reduce the price or offer us a discount.	Vielleicht wird der Verkäufer den Preis reduzieren bzw. uns einen Rabatt einräumen.
sale [seɪl]	Verkauf, Abschluss
for sale [fə ˈseɪl]	zu verkaufen, zum Verkauf
forced sale [ˈfɔːst seɪl]	Zwangsverkauf
sales *pl* [seɪlz]	Absatz, Verkauf
saleable [ˈseɪləbl]	absatzfähig, marktfähig, verkäuflich
supplier [səˈplaɪə]	Lieferant(in)
key supplier [kiː səˈplaɪə]	Hauptlieferant(in)
We collaborate closely with our key supplier.	Wir arbeiten eng mit unserem Hauptlieferanten zusammen.
key customer [kiː ˈkʌstəmə]	Großkunde, Hauptkunde
bulk [bʌlk]	Großmenge, Gros, Masse
Buying in bulk usually produces cost savings.	Der Massenkauf führt normalerweise zu Kosteneinsparungen.

2. Preise und Zahlungsbedingungen

price [praɪs]	Preis, Kurs
price tag ['praɪs tæg]	Preisschild
market price ['mɑːkɪt praɪs]	Marktpreis
list price ['lɪst praɪs]	Listenpreis
total price ['təʊtl praɪs]	Gesamtpreis
wholesale price ['həʊlseɪl praɪs]	Großhandelspreis
trade price ['treɪd praɪs]	Händlerpreis
resale price ['riːseɪl praɪs]	Wiederverkaufspreis
retail price ['riːteɪl praɪs]	Einzelhandelspreis
net price ['net praɪs]	Nettopreis
competitive price [kəm'petɪtɪv praɪs]	konkurrenzfähiger Preis
pricing ['praɪsɪŋ]	Preisfestsetzung
reduction [rɪ'dʌkʃən]	Verminderung, Herabsetzung
price reduction [praɪs rɪ'dʌkʃən]	Preisnachlass
We grant a five per cent price reduction on these goods.	Wir gewähren Ihnen einen fünfprozentigen Preisnachlass auf diese Waren.
reduce [rɪ'djuːs]	herabsetzen, reduzieren
price increase [praɪs 'ɪnkriːs]	Preiserhöhung
set a price ['set ə praɪs]	einen Preis festlegen
expensive [ɪk'spensɪv]	teuer
inexpensive [ɪnɪk'spensɪv]	günstig, preiswert
cheap [tʃiːp]	billig
spend money [spend 'mʌnɪ]	Geld ausgeben
discount ['dɪskaʊnt]	Rabatt
I was offered a 20 per cent discount.	Mir wurde ein 20-prozentiger Rabatt angeboten.
trade discount [treɪd 'dɪskaʊnt]	Händlerrabatt
cash discount [kæʃ 'dɪskaʊnt]	Skonto

INFOKASTEN

Einen *cash discount* bekommt der Käufer, wenn er eine Rechnung sofort bezahlen kann. Oft wird dieser Preisnachlass abgekürzt, z.B. 10/2% (2% Rabatt bei Zahlung innerhalb von 10 Tagen).

quantity discount   Mengenrabatt
[ˈkwɒntɪtɪ ˈdɪskaʊnt]
  Do you offer a quantity discount?   Gewähren Sie einen Mengenrabatt?
grant [grɑːnt]   gewähren, bewilligen
grant a discount   einen Rabatt gewähren
[grɑːnt ə ˈdɪskaʊnt]
claim a discount   einen Rabatt fordern
[kleɪm ə ˈdɪskaʊnt]
guarantee [gærən'tiː]   Garantie, Bürgschaft, garantieren
  Our products are covered by a   Unsere Produkte haben eine zweijährige
  two-year guarantee.   Garantie.
expire [ɪk'spaɪə]   ablaufen, fällig werden
  The guarantee expires in six weeks.   Die Garantie läuft in sechs Wochen ab.
expiry date [ɪks'paɪrɪ deɪt]   Verfallsdatum, Fälligkeitstag
pay [peɪ]   bezahlen, zahlen
payment [ˈpeɪmənt]   Zahlung, Bezahlung
advance payment   Vorauszahlung
[əd'vɑːns ˈpeɪmənt]
  Customers are required to make   Kunden müssen eine Vorauszahlung
  an advance payment.   leisten.
deferred payment   Ratenzahlung
[dɪ'fɜːd ˈpeɪmənt]
deposit [dɪ'pɒzɪt]   Anzahlung, Kaution
down payment *AE*   Anzahlung
[daʊn ˈpeɪmənt]

INFOKASTEN

Im amerikanischen Englisch verwendet man *down payment*. Im britischen Englisch übersetzt man Anzahlung auch mit *deposit*. *Deposit* kann allerdings auch eine (rückzahlbare) Kaution oder Pfandzahlung bedeuten.

---

payment in full [ˈpeɪmənt ɪn fʊl]   vollständige Bezahlung
means of payment   Zahlungsmittel
[miːnz əv ˈpeɪmənt]
cash on delivery   Zahlung per Nachnahme
[kæʃ ɒn dɪ'lɪvərɪ]

hire purchase *BE* [ˈhaɪə ˈpɜːtʃɪs]	Ratenkauf
instalment [ɪnˈstɔːlmənt]	Rate
monthly instalment	monatliche Teilzahlungsrate
[ˈmʌnθlɪ ɪnˈstɔːlmənt]	
overdue [əʊvəˈdjuː]	überfällig
Payment is now long overdue.	Die Zahlung ist längst überfällig.
prepaid [priːˈpeɪd]	vorausbezahlt, im Voraus bezahlt
prepay [priːˈpeɪ]	im Voraus bezahlen
prepayable [priːˈpeɪəbl]	im Voraus zu bezahlen
receipt [rɪˈsiːt]	Eingang, Erhalt, Quittung, Beleg
Keep your receipt as proof of purchase.	Bewahren Sie Ihre Quittung als Kaufnachweis auf.
bill [bɪl]	Rechnung, Abrechnung, in Rechnung stellen
invoice [ˈɪnvɔɪs]	Rechnung, Faktura, in Rechnung stellen, fakturieren
You should specify your bank details on the invoice.	Sie sollten auf der Rechnung Ihre Bankverbindung angeben.
settle the invoice [setl ðɪ ˈɪnvɔɪs]	die Rechnung begleichen
commercial invoice [kəˈmɜːʃl ˈɪnvɔɪs]	Handelsrechnung
remittance [rɪˈmɪtəns]	Überweisung
Please settle the invoice amount by remittance within two weeks.	Bitte überweisen Sie den Rechnungs- betrag innerhalb von zwei Wochen.
charge [tʃɑːdʒ]	Gebühr, Kosten, berechnen
chargeable to [ˈtʃɑːdʒəbl tu]	zu Lasten von, auf Kosten von
overcharge [əʊvəˈtʃɑːdʒ]	zu viel berechnen
mark-down [ˈmɑːkdaʊn]	Preissenkung
mark-up [ˈmɑːkʌp]	Preiserhöhung, Preisaufschlag
letter of credit [ˈletər əv ˈkredɪt]	Akkreditiv, Kreditbrief

INFOKASTEN

Ein *letter of credit* als Zahlungsbedingung wird im Außenhandel als sehr sicher betrachtet, da zwei Banken eine Garantie geben, dass die Rechnung des Expor- teurs beglichen wird.

cheque *BE,* **check** *AE* [tʃek]	Scheck
Don't forget to sign the cheque.	Vergessen Sie nicht, den Scheck zu unterschreiben.
crossed cheque [ˈkrɒst tʃek]	Verrechnungsscheck
open cheque [ˈəʊpən tʃek]	Barscheck
promissory note	Schuldschein
[prɒˈmɪsərɪ nəʊt]	

3. Anfrage, Angebot und Auftrag

enquiry [ɪnˈkwaɪrɪ]	Anfrage

INFOKASTEN

Im amerikanischen Englisch schreibt man für Anfrage *inquiry.* Im britischen Englisch aber hat *inquiry* eher die Bedeutung Untersuchung (*investigation*).
Bsp.: *The police have opened a murder inquiry.*
Die Polizei untersucht jetzt den Mordfall.

enquire about [ɪnˈkwaɪə əˈbaʊt]	anfragen, sich erkundigen
We would like to enquire about your range of office furniture.	Wir möchten uns über Ihr Sortiment an Büromöbeln erkundigen.
offer [ˈɒfə]	Angebot, anbieten
We have to decline your offer.	Wir müssen Ihr Angebot ablehnen.
make an offer for	für etwas ein Angebot machen
[ˈmeɪk ən ˈɒfə fɔː]	
firm offer [fɜːm ˈɒfə]	Festangebot
binding offer [ˈbaɪndɪŋ ˈɒfə]	verbindliches Angebot
offer without engagement	unverbindliches Angebot
[ˈɒfə wɪðˈaʊt ɪnˈgeɪdʒmənt]	
special offer [ˈspeʃl ˈɒfə]	Sonderangebot
subject to availability	solange Vorrat reicht
[ˈsʌbdʒɪkt tuː əveɪləˈbɪlɪtɪ]	
This offer is subject to availability.	Angebot gültig solange Vorrat reicht.
counter-offer [ˈkaʊntərɒfə]	Gegenangebot
quotation [kwəʊˈteɪʃən]	Kostenvoranschlag, Angebot

quote [kwəʊt]
I can quote you a good price for this job.

angeben, nennen (Preis)
Ich kann Ihnen einen guten Preis für diese Arbeit machen.

estimate [ˈestɪmət]
estimate of costs
[ˈestɪmət əv kɒsts]
We can only give you a rough estimate of costs for this service.

Schätzung
Kostenvoranschlag

Wir können Ihnen nur einen groben Kostenvoranschlag für diese Dienstleistung geben.

deadline [ˈdedlaɪn]
The deadline for offers is next Friday.

letzter Termin, Frist
Der letzte Termin für Angebote ist nächsten Freitag.

INFOKASTEN

Mit *deadline* (Frist) verwendet man häufig folgende Verben: *to keep to, observe* (einhalten), *to extend, prolong* (verlängern), *to miss* (verpassen).

---

demand [dɪˈmɑːnd]
Demand for organic food is on the rise.

Forderung, Nachfrage, fordern
Die Nachfrage nach Bio-Lebensmitteln steigt.

supply [səˈplaɪ]
supply and demand
[səˈplaɪ ənd dɪˈmɑːnd]

Angebot, liefern
Angebot und Nachfrage

order [ˈɔːdə]
They have ordered a new fleet of cars.

Auftrag, Bestellung, bestellen
Sie haben eine neue Autoflotte bestellt.

order number [ˈɔːdə ˈnʌmbə]
date of order [deɪt əv ˈɔːdə]
place an order [pleɪs ən ˈɔːdə]
process an order
[ˈprəʊses ən ˈɔːdə]

Auftragsnummer, Bestellnummer
Auftragsdatum
einen Auftrag erteilen
einen Auftrag ausführen, bearbeiten

cancel an order [ˈkænsl ən ˈɔːdə]
confirm an order
[kənˈfɜːm ən ˈɔːdə]
We are pleased to confirm your order for office furniture.

einen Auftrag stornieren
einen Auftrag bestätigen

Wir freuen uns, Ihren Auftrag über Büromöbel zu bestätigen.

INFOKASTEN

Im Geschäftsenglisch kann man bestätigen entweder mit *confirm* oder *acknowledge* übersetzen.
Bsp.: *We confirm your order dated 10 June.*
Wir bestätigen Ihre Bestellung vom 10. Juni.
Please send us an order acknowledgement.
Bitte senden Sie uns eine Auftragsbestätigung.

confirmation [kɒnfəˈmeɪʃən] — Bestätigung

subject to confirmation — freibleibend
[ˈsʌbdʒɪkt tuː kɒnfəˈmeɪʃən]

in accordance with — entsprechend, gemäß, in Einklang mit
[ɪn əˈkɔːdəns wɪð]

order deadline [ˈɔːdə ˈdedlaɪn] — Bestellfrist

advance order [ədˈvaːns ˈɔːdə] — Vorausbestellung

repeat order [rɪˈpiːt ˈɔːdə] — Nachbestellung
They have received a repeat order from a key customer. — Sie haben eine Nachbestellung von einem Großkunden erhalten.

trial order [ˈtraɪəl ˈɔːdə] — Probeauftrag

mail-order [ˈmeɪlɔːdə] — Postversand…
Please order from our mail-order catalogue. — Bitte bestellen Sie über unseren Versandkatalog.

shipment [ˈʃɪpmənt] — Warensendung, Lieferung

consignment [kənˈsaɪnmənt] — Warensendung, Lieferung
When can we expect the consignment? — Wann können wir mit der Lieferung rechnen?

4. Beschwerden

complain [kəmˈpleɪn] — sich beschweren, etwas beanstanden
Unfortunately we must complain about the recent consignment. — Wir müssen leider die letzte Sendung beanstanden.

complaint [kəmˈpleɪnt] — Reklamation, Beschwerde

make a complaint — sich beschweren
[meɪk ə kəmˈpleɪnt]

INFOKASTEN

Wenn man sich auf Englisch beschweren muss, entschuldigt man sich unbedingt zuerst, dass gleich etwas Negatives folgen wird. Dies gilt auch wenn man absolut im Recht ist. Abmildernde, höfliche Einleitungen für Beschwerden sind: *I'm terribly sorry, but …* oder *I'm afraid I have to complain* oder *I'm sorry to complain, but …*

deal with a complaint
[di:l wɪð ə kəmˈpleɪnt]
  We will deal with your complaint immediately.

eine Beschwerde bearbeiten

  Wir werden Ihre Beschwerde sofort bearbeiten.

settle a complaint
[setl ə kəmˈpleɪnt]

eine Beschwerde regeln

sort out [sɔːt ˈaʊt]
  This situation needs to be sorted out quickly.

in Ordnung bringen, klären

  Diese Situation muss rasch geklärt werden.

be disappointed [bɪ dɪsəˈpɔɪntɪd]
  We are extremely disappointed with the execution of this order.

unzufrieden sein

  Wir sind mit der Ausführung dieses Auftrages äußerst unzufrieden.

be annoyed [bɪ əˈnɔɪd]

verärgert, ärgerlich sein

inconvenience [ɪnkənˈviːnɪənz]
  The defective goods have caused us great inconvenience.

Unannehmlichkeit, Umstände

  Die defekten Waren haben uns große Umstände verursacht.

expect an explanation
[ɪksˈpekt ən ekspləˈneɪʃən]

eine Erklärung erwarten

apologize for [əˈpɒlədʒaɪz fɔː]

sich entschuldigen für

offer one's apologies for
[ˈɒfə wʌnz əˈpɒlədʒiːz fɔː]

sich entschuldigen für

be sorry [bɪ ˈsɒrɪ]
  We are very sorry that the goods were not properly packed.

leidtun

  Es tut uns sehr leid, dass die Waren inkorrekt verpackt wurden.

grievance [ˈgriːvəns]

Beschwerde

request [rɪˈkwest]

Antrag, Anfrage

not up to standard
[nɒt ʌp tə ˈstændɪd]

nicht der Norm entsprechend

damage [ˈdæmɪdʒ]

Schaden, Beschädigung

damaged [ˈdæmɪdʒd]   beschädigt

damages pl [ˈdæmɪdʒɪz]   Schadensersatz, Entschädigung

claim [kleɪm]   Forderung, Anspruch

claim for damages   Schadensersatzanspruch
[kleɪm fə ˈdæmɪdʒɪz]

warranty [ˈwɒrəntɪ]   Garantie, Gewährleistung
   The device has a two-year   Das Gerät hat eine zweijährige Garantie.
   warranty.

defect [dɪˈfekt]   Mangel

defective [dɪˈfektɪv]   fehlerhaft, defekt
   The computer I purchased is   Der Rechner, den ich gekauft habe,
   defective.   ist fehlerhaft.

defective goods pl   defekte, fehlerhafte Waren
[dɪˈfektɪv gʊdz]

deficiency [dɪˈfɪʃənsɪ]   Mangel, Fehlen, Schwäche

unsaleable [ʌnˈseɪləbl]   unverkäuflich
   In view of the extensive damage,   Angesichts des grossen Schadens sind
   the goods are unsaleable.   die Waren unverkäuflich.

differ [ˈdɪfə]   sich unterscheiden
   The quality of the goods delivered   Die Qualität der gelieferten Waren
   differs from the sample.   unterscheidet sich vom Muster.

negligence [ˈneglɪdʒəns]   Nachlässigkeit, Fahrlässigkeit

incorrect [ɪnkəˈrekt]   falsch, nicht korrekt

missing [ˈmɪsɪŋ]   fehlend

reimburse [riːɪmˈbɜːs]   entschädigen, zurückerstatten, ersetzen
   We will not reimburse you for the fee.   Wir werden Ihnen die Gebühr nicht
                                                 zurückerstatten.

reimbursement [riːɪmˈbɜːsmənt]   Entschädigung, Rückerstattung, Ersatz

compensation [kɒmpenˈseɪʃən]   Entschädigung

claim compensation   Entschädigung fordern
[kleɪm kɒmpenˈseɪʃən]

compensate [ˈkɒmpenseɪt]   entschädigen
   We will compensate you for the   Wir werden Sie umgehend für den
   damage immediately.   Schaden entschädigen.

refund [ˈriːfʌnd]   Rückzahlung, Rückerstattung
   We will provide you with a full refund.   Wir werden Ihnen eine vollständige
                                                 Rückerstattung gewähren.

INFOKASTEN

Wenn dem Verkäufer eine Beschwerde seitens des Käufers über fehlerhafte Ware vorliegt, gilt es, die sogenannten vier Rs im Kundendienst zu berücksichtigen: *refund, repair, replace, rescind* (Rückerstattung, Reparatur, Ersatz, Annullierung).

replace [rɪˈpleɪs]
All broken parts will be replaced immediately.

ersetzen
Alle defekten Teile werden sofort ersetzt.

replacement [rɪˈpleɪsmənt]

Ersatzlieferung

repair [rɪˈpeə]
We will repair your faulty device immediately.

Reparatur, Ausbesserung, reparieren
Wir werden Ihr defektes Gerät sofort reparieren.

damaged beyond repair
[ˈdæmɪdʒd bɪˈjɒnd rɪˈpeə]

nicht mehr zu reparieren

5. Kaufverträge

contract [ˈkɒntrækt]
Please sign the contract.

Vertrag, Vereinbarung
Bitte unterschreiben Sie den Vertrag.

contractor [kənˈtræktə]

Auftragnehmer(in)

contractual [kənˈtræktʃʊəl]

vertraglich, Vertrags…

sales contract [seɪlz ˈkɒntrækt]

Kaufvertrag

INFOKASTEN

Unter angelsächsischem Gesetz entsteht ein Kaufvertrag erst, wenn der Käufer das Angebot des Verkäufers angenommen hat. Dann ist er verpflichtet, die Ware zu akzeptieren. Der Verkäufer ist seinerseits verpflichtet, die Waren gemäß den im Kaufvertrag beschriebenen und festgelegten Bedingungen zu liefern.

draw up a contract
[drɔː ˈʌp ə ˈkɒntrækt]

einen Vertrag aufsetzen

draft a contract
[drɑːft ə ˈkɒntrækt]

einen Vertrag entwerfen

enter into a contract
['entə 'ɪntʊ ə 'kɒntrækt]
einen Vertrag abschließen

sign a contract
[saɪn ə 'kɒntrækt]
einen Vertrag unterschreiben

cancel a contract
['kænsəl ə 'kɒntrækt]
einen Vertrag aufheben

We will be forced to cancel the contract if the delivery deadline is not kept.

Wir werden den Vertrag aufheben müssen, falls die Lieferfrist nicht eingehalten wird.

breach of contract
[briːtʃ əv 'kɒntrækt]
Vertragsbruch

parties to a contract *pl*
['pɑːtiːz tu ə 'kɒntrækt]
vertragsschließende Parteien

terms of (the) contract *pl*
['tɜːmz əv (ðə) 'kɒntrækt]
Vertragsbedingungen

under the terms of the contract
['ʌndə ðə 'tɜːmz əv ðə 'kɒntrækt]
vertragsgemäß

Under the terms of the contract, delivery should be made within one month.

Vertragsgemäß sollen die Waren innerhalb eines Monats geliefert werden.

clause ['klɔːz]
Klausel

specify ['spesɪfaɪ]
spezifizieren, genau angeben, vorschreiben

expiry date [ɪk'spaɪrɪ deɪt]
Ablauftermin

6. Import und Export

export ['ekspɔːt]
Export, Ausfuhr, Exportware

export [ek'spɔːt]
exportieren, ausführen

50% of our production is exported.

50 % unserer Produktion werden exportiert.

exporter [ek'spɔːtə]
Exporteur

export licence ['ekspɔːt 'laɪsəns]
Ausfuhrgenehmigung

We have applied for an export licence.

Wir haben eine Ausfuhrgenehmigung beantragt.

INFOKASTEN

Eine Exportlizenz (*export licence*) kann bei den Zollbehörden des Exportlandes beantragt werden. Bei Risikowaren wie Chemikalien, Nuklearstoffen und Waffen (*chemicals, nuclear material and weapons*) wird grundsätzlich eine Exportlizenz verlangt.

export surplus ['ekspɔːt 'sɜːpləs]	Exportüberschuss
export permit ['ekspɔːt 'pɜːmɪt]	Exportgenehmigung
import [ɪm'pɔːt]	einführen
import ['ɪmpɔːt]	Einfuhr, Import, Importware
Cheap imports exert downward pressure on domestic prices.	Billige Importgüter drücken die Preise auf dem Inlandsmarkt.
importer [ɪm'pɔːtə]	Importeur, Importfirma
import duty ['ɪmpɔːt 'djuːtɪ]	Einfuhrzoll
import restriction ['ɪmpɔːt rɪ'strɪkʃən]	Einfuhrbeschränkung
impose restrictions on [ɪm'pəus rɪ'strɪkʃənz ɒn]	Einfuhrbeschränkungen verhängen
import quota ['ɪmpɔːt 'kwəutə]	Importquote
customs *pl* ['kʌstəmz]	Zoll
customs clearance ['kʌstəmz 'klɪərəns]	Zollabfertigung
customs duties *pl* ['kʌstəmz 'djuːtiːz]	Zölle
customs tariff ['kʌstəmz 'tærɪf]	Zollgebühren
subject to import duties ['sʌbdʒɪkt tuː ɪm'pɔːt 'djuːtiːz]	einfuhrzollpflichtig
customs declaration ['kʌstəmz deklə'reɪʃən]	Zollerklärung
customs invoice ['kʌstəmz 'ɪnvɔɪs]	Zollfaktura
clear goods through customs [klɪə gudz θruː 'kʌstəmz]	Güter verzollen
The forwarder can collect the goods as soon as they have been cleared through customs.	Der Spediteur kann die Waren abholen, sobald sie verzollt sind.

7. Versanddokumente

bill of lading [bɪl əv ˈleɪdɪŋ]   Konnossement

clean bill of lading   reines Konnossement
[kliːn bɪl əv ˈleɪdɪŋ]

unclean bill of lading   unreines Konnossement
[ˈʌnkliːn bɪl əv ˈleɪdɪŋ]

  The unclean bill of lading shows   Das unreine Konnossement zeigt,
  that the goods are not in perfect   dass die Waren beschädigt sind.
  condition.

air waybill [eə ˈweɪbɪl]   Luftfrachtbrief

freight note [ˈfreɪt nəʊt]   Frachtbrief

consignment note   Frachtbrief
[kənˈsaɪnmənt nəʊt]

delivery note [dɪˈlɪvərɪ nəʊt]   Lieferschein

insurance certificate   Versicherungszertifikat
[ɪnˈʃʊərəns səˈtɪfɪkət]

certificate of origin   Herkunftszeugnis
[səˈtɪfɪkət əv ˈɒrɪdʒɪn]

  We needed a certificate of origin for   Für die Zollabfertigung benötigten wir ein
  customs clearance.   Herkunftszeugnis.

issue a certificate   ein Zertifikat ausstellen
[ˈɪʃuː ə səˈtɪfɪkət]

invoice [ˈɪnvɔɪs]   Rechnung

consular invoice   Konsulatsfaktura
[ˈkɒnsjuːlə ˈɪnvɔɪs]

apply for a consular invoice   ein Konsulatsfaktura beantragen
[əˈplaɪ fɔː ə ˈkɒnsjuːlə ˈɪnvɔɪs]

INFOKASTEN

Eine Konsulatsfaktura (*consular invoice*) bestätigt die Richtigkeit der Preise der
exportierten Waren und versucht damit zu verhindern, dass Waren zu künstlich
niedrigen Preisen im Ausland auf den Markt kommen (*dumping prices*).

---

advice of despatch   Versandanzeige
[ədˈvaɪs əv dɪˈspætʃ]

8. Die Europäische Union

European Union (EU)
[jʊərəˈpɪən ˈjuːnɪən]

Europäische Union (EU)

European Central Bank (ECB)
[jʊərəˈpɪən ˈsentrəl bæŋk]

Europäische Zentralbank (EZB)

The European Central Bank is located in Frankfurt.

Die Europäische Zentralbank hat ihren Sitz in Frankfurt.

single European market
[sɪŋgl jʊərəˈpɪən ˈmɑːkɪt]

Europäischer Binnenmarkt

The single European market is a large free trade area.

Der Europäische Binnenmarkt ist eine große Freihandelszone.

European single currency
[jʊərəˈpɪən ˈsɪŋgl ˈkʌrənsɪ]

europäische Einheitswährung

European Monetary Union (EMU)
[jʊərəˈpɪən ˈmʌnɪtrɪ ˈjuːnɪən]

Europäische Währungsunion (EWU)

Europeanisation
[jʊərəpɪənaɪˈzeɪʃən]

Europäisierung

euro [ˈjʊərə]

Euro

eurozone [ˈjʊərəzəʊn]

Eurozone

trade [treɪd]

Handel

free trade area [friː treɪd ˈeərɪə]

Freihandelszone

society [səˈsaɪətɪ]

Gesellschaft

member state [ˈmembə steɪt]

Mitgliedsstaat

membership [ˈmembəʃɪp]

Mitgliedschaft

apply for membership
[əˈplaɪ fə ˈmembəʃɪp]

eine Mitgliedschaft beantragen

EU citizen [iːˈjuː ˈsɪtɪzn]

EU-Bürger(in)

Common Agricultural Policy (CAP)
[ˈkɒmən ægrɪˈkʌltʃərəl ˈpɒləsɪ]

Gemeinsame Agrarpolitik

free movement of capital
[friː ˈmuːvmənt əv ˈkæpɪtl]

freier Kapitalverkehr

free movement of goods
[friː ˈmuːvmənt əv ˈgʊdz]

freier Güterverkehr

One of the aims of the EU is to ensure the free movement of goods, capital, services and people.

Ein Ziel der EU ist es, den freien Verkehr von Gütern, Kapital, Dienstleistungen und Menschen zu ermöglichen.

1. Produkt

product [ˈprɒdʌkt] — Produkt

finished product [ˈfɪnɪʃt ˈprɒdʌkt] — Endprodukt

product range [ˈprɒdʌkt ˈreɪndʒ] — Produktpalette

We can offer you a wide range of products. — Wir können Ihnen eine große Produktpalette anbieten.

goods pl [gʊdz] — Waren, Güter

semi-finished goods pl [ˈsemɪ ˈfɪnɪʃt gʊdz] — Halbfertigfabrikate

finished goods pl [ˈfɪnɪʃt gʊdz] — Fertigfabrikate

The finished goods are destined for the export market. — Die Fertigfabrikate sind für den Exportmarkt bestimmt.

bulk goods pl [ˈbʌlk gʊdz] — Massengüter

consumer goods pl [kənˈsjuːmə gʊdz] — Verbrauchsgüter

durable consumer goods pl [ˈdjʊərəbl kənˈsjuːmə gʊdz] — langlebige Gebrauchsgüter

INFOKASTEN

Durable consumer goods wird oft als *durables* abgekürzt und als Oberbegriff für alle größeren Haushaltsgüter wie *washing machines, refrigerators, dishwashers, cookers,* usw. verwendet. Man spricht bei solchen Gütern und Waren von *white goods,* während Wohnzimmermöbel wie Fernseher oder Stereogeräte als *brown goods* bezeichnet werden.

manufactured goods pl [mænjuˈfæktʃəd gʊdz] — Fabrikwaren

commodity [kəˈmɒdɪtɪ] — Ware, Bedarfsartikel

grade [greɪd] — Qualität, Güteklasse

kite mark *BE* [ˈkaɪt mɑːk] — Gütezeichen

quality [ˈkwɒlɪtɪ] — Qualität

Our products are of the highest quality. — Unsere Produkte sind von höchster Qualität.

quality assurance	Qualitätssicherung
[ˈkwɒlɪtɪ əˈsʊərəns]	
item [ˈaɪtəm]	Stück, Gegenstand, Punkt
class of goods [ˈklɑːs əv ˈgʊdz]	Warenart, Klasse
logo [ˈləʊgəʊ]	Logo, Emblem
All our goods carry the same logo.	Alle unsere Waren haben dasselbe Logo.
design [dɪˈzaɪn]	Design, Muster, entwerfen, zeichnen
feature [ˈfiːtʃə]	Merkmal, Eigenschaft, Besonderheit
equip [ɪˈkwɪp]	ausrüsten, ausstatten
be equipped with	verfügen über, ausgestattet sein mit
[biː ɪˈkwɪpt wɪð]	
We are well equipped to meet our customers' demands.	Wir sind durchaus in der Lage, die Anforderungen unserer Kunden zu erfüllen.
equipment [ɪˈkwɪpmənt]	Ausrüstung, Geräte, Ausstattung

INFOKASTEN

Equipment ist eines von vielen wichtigen Substantiven, die im Deutschen zählbar, im Englischen aber nicht zählbar sind. Man darf also nicht *equipments* sagen, sondern spricht von *pieces/items of equipment*. Andere, im Englischen unzählbare Substantive sind *information, advice, furniture, interest* (Zinsen), *knowledge* und *progress*. Wir haben viele Informationen wird mit *We have a lot of information* übersetzt.

---

handmade [ˈhændmeɪd]	handgearbeitet
ready-made [redɪˈmeɪd]	gebrauchsfertig, Fertig…
custom-made [ˈkʌstəmmeɪd]	maßgefertigt
made to order [meɪd tə ˈɔːdə]	auf Bestellung, kundenspezifisch
We sell made-to-order clothes.	Wir verkaufen maßgeschneiderte Kleidung.
made to specification	Sonderanfertigung
[ˈmeɪd tə spesɪfɪˈkeɪʃən]	
innovation [ɪnəˈveɪʃən]	Neuerung, Innovation
innovative [ˈɪnəʊvətɪv]	neuartig, innovativ
Our success is based on seeking innovative solutions.	Unser Erfolg basiert auf der Suche nach innovativen Lösungen.

component [kəmˈpəʊnənt]   Bestandteil, Komponente
specifications pl [spesɪfɪˈkeɪʃənz]   technische Daten, technische Beschreibung
operating instructions pl   Bedienungsanleitung
[ˈɒpəreɪtɪŋ ɪnˈstrʌkʃənz]

2. Produktion

produce [prəˈdjuːs]   produzieren, herstellen
  We produce high-quality turbines.   Wir stellen hochwertige Turbinen her.
producer [prəˈdjuːsə]   Hersteller(in), Produzent(in)
production [prəˈdʌkʃən]   Herstellung, Produktion
step up production   die Produktion steigern
[ˈstep ʌp prəˈdʌkʃən]
speed up [ˈspiːd ʌp]   beschleunigen
mass production   Massenproduktion
[mæs prəˈdʌkʃən]
labour-intensive production   arbeitsintensive Produktion
[ˈleɪbərɪntensɪv prəˈdʌkʃən]
labour-saving [ˈleɪbə ˈseɪvɪŋ]   arbeitssparend
lean production [liːn prəˈdʌkʃən]   verschlankte Produktion
streamline [ˈstriːmlaɪn]   rationalisieren, bereinigen
  They have become more profitable   Sie sind durch die Rationalisierung ihrer
  by streamlining their production   Herstellungsabläufe rentabler geworden.
  processes.
just-in-time [dʒʌstɪnˈtaɪm]   just-in-time
  Just-in-time production techniques   Just-in-time-Methoden bei der Produktion
  can produce large efficiency gains.   können zu großen Effizienzgewinnen
                              führen.

production line [prəˈdʌkʃən ˈlaɪn]   Fließband, Produktionslinie
production plant   Produktionsanlage
[prəˈdʌkʃən ˈplɑːnt]
production facilities pl   Produktionseinrichtungen
[prəˈdʌkʃən fəˈsɪlɪtiːz]
works [ˈwɜːks]   Werk, Fabrik
factory [ˈfæktərɪ]   Fabrik, Werk
assemble [əˈsembəl]   zusammenbauen, montieren

assembly line [əˈsemblɪ ˈlaɪn]	Fließband, Montageband
mechanical [mɪˈkænɪkəl]	mechanisch
tool [tu:l]	Werkzeug
spares *pl* [ˈspeəz]	Ersatzteile
manufacture [mænjʊˈfæktʃə]	Herstellung, herstellen
manufacturer [mænjʊˈfæktʃərə]	Hersteller(in)
manufacturing [mænjʊˈfæktʃərɪŋ]	Erzeugung, Herstellung
planning [ˈplænɪŋ]	Planung
processing [ˈprəʊsesɪŋ]	Verarbeitung, Bearbeitung, Veredelung
completion [kəmˈpli:ʃən]	Fertigstellung
turn out [tɜːn ˈaʊt]	produzieren, hervorbringen
They have been turning out quality devices for many years.	Sie produzieren seit vielen Jahren qualitativ hochwertige Geräte.
specialize in [ˈspeʃəlaɪz ɪn]	sich spezialisieren auf
standard [ˈstændəd]	Standard, Norm
standardize [ˈstændədaɪz]	vereinheitlichen, normen, normieren
batch [bætʃ]	Serie, Los
lot [lɒt]	Posten
series [ˈsɪəri:z]	Serie, Reihe
operate [ˈɒpəreɪt]	in Betrieb sein, bedienen, betätigen
He operates heavy machinery.	Er bedient schwere Maschinen.
operator [ˈɒpəreɪtə]	Vermittlung, Bedienungsperson, Arbeiter(in)
raw material [rɔː məˈtɪərɪəl]	Rohstoff
Wood is our most important raw material.	Holz ist unser wichtigster Rohstoff.
by-product [ˈbaɪprɒdʌkt]	Nebenprodukt, Abfallprodukt
recycle [riˈsaɪkl]	wieder verwerten, recyceln
label [ˈleɪbl]	Etikett, Schild, etikettieren
final control [ˈfaɪnəl kənˈtrəʊl]	Endkontrolle
A defect was discovered during the final control.	Während der Endkontrolle wurde ein Fehler entdeckt.
quality control [ˈkwɒlɪtɪ kənˈtrəʊl]	Qualitätskontrolle
sampling procedure [ˈsɑːmplɪŋ prəˈsi:dʒə]	Stichprobenverfahren
inspect [ɪnˈspekt]	kontrollieren, prüfen
ensure [ɪnˈʃʊə]	sichern, sicherstellen

tighten [ˈtaɪtən] verschärfen

They have tightened controls since the error. Sie haben die Kontrollen seit dem Fehler verschärft.

recall [rɪˈkɔːl] Rückruf, zurückrufen

Many products have been recalled due to a technical fault. Viele Produkte sind wegen eines technischen Defekts zurückgerufen worden.

lead [liːd] führen

They are leading the way in the development of cleaner fuels. In der Entwicklung von saubereren Treibstoffen sind sie führend.

lead time [liːd taɪm] Produktionszeit, Lieferzeit

close down [kləʊz ˈdaʊn] schließen, stilllegen

The factory has been closed down. Die Fabrik wurde stillgelegt.

closure [ˈkləʊʒə] Schließung

The closure of the factory has resulted in the loss of many jobs. Die Schließung der Fabrik führte zum Verlust vieler Arbeitsplätze.

shut down [ʃʌt ˈdaʊn] zumachen, schließen

shutdown [ˈʃʌtdaʊn] Stilllegung, Schließung

discontinue [dɪskənˈtɪnjuː] auslaufen lassen, abbestellen

We plan to discontinue our premium line. Wir haben vor, unsere Luxusreihe auslaufen zu lassen.

inoperative [ɪnˈɒpərətɪv] außer Betrieb, nicht einsatzfähig

out of date [aʊt əv ˈdeɪt] veraltet, altmodisch

3. Produktivität

productive [prəˈdʌktɪv] produktiv, ergiebig

productivity [prɒdʌkˈtɪvətɪ] Produktivität

We have improved the productivity of our factory. Wir haben die Produktivität unseres Werks verbessert.

increase productivity [ɪnˈkriːs prɒdʌkˈtɪvətɪ] die Produktivität steigern

unproductive [ʌnprəˈdʌktɪv] unproduktiv, unergiebig

output [ˈaʊtpʊt] Produktion, Ausstoß

We have increased output to meet demand. Wir haben die Produktion erhöht, um mit der Nachfrage Schritt zu halten.

capacity [kəˈpæsɪtɪ]   Kapazität, Befähigung
full capacity [fʊl kəˈpæsɪtɪ]   volle Kapazität
The plant is working at full capacity.   Die Fabrik arbeitet momentan mit voller Kapazität.

utilization of capacity   Kapazitätsauslastung
[juːtɪlaɪˈzeɪʃən əv kəˈpæsɪtɪ]
utilize [ˈjuːtɪlaɪz]   (aus)nutzen, verwerten
performance [pəˈfɔːməns]   Leistung

INFOKASTEN

Performance wird bei Autos und Maschinen benutzt, um ihre Leistungskraft zu beschreiben, z.B.: *Porsche manufactures high-performance cars.* (Porsche stellt Fahrzeuge mit hoher Leistungskraft her.) Auch menschliche Arbeitsleistung wird oft damit beschrieben, z.B.: *The assistant's perfomance was outstanding.* (Der Assistent zeigte eine hervorragende Leistung bei der Konferenzgestaltung.)

---

effectiveness [ɪˈfektɪvnɪs]   Wirksamkeit, Effektivität
I doubt the effectiveness of this move.   Ich bezweifle die Wirksamkeit dieses Schrittes.
efficiency [ɪˈfɪʃənsɪ]   Leistungsfähigkeit, Effizienz
operational efficiency   Betriebseffizienz
[ɒpəˈreɪʃənl ɪˈfɪʃənsɪ]
efficient [ɪˈfɪʃənt]   leistungsfähig, effizient
inefficiency [ɪnɪˈfɪʃənsɪ]   Unproduktivität
inefficient [ɪnɪˈfɪʃənt]   unproduktiv, ineffizient
optimization [ɒptɪmaɪˈzeɪʃən]   Optimierung
rationalization [ræʃənəlaɪˈzeɪʃən]   Rationalisierung
modernize [ˈmɒdənaɪz]   modernisieren
computerize [kəmˈpjuːtəraɪz]   computerisieren, auf Computer umstellen
automate [ˈɔːtəmeɪt]   automatisieren

4. Dienstleistungen

service [ˈsɜːvɪs]   Dienstleistung
offer a service [ˈɒfə ə ˈsɜːvɪs]   eine Dienstleistung anbieten

service sector [ˈsɜːvɪs ˈsektə] Dienstleistungsbereich
service organization Dienstleistungsunternehmen
[ˈsɜːvɪs ɔːgənaɪˈzeɪʃən]
  We are purely a service organization. Wir sind ein reines
                             Dienstleistungsunternehmen.
catering [ˈkeɪtərɪŋ] Bewirtungsservice

INFOKASTEN

Mit dem Ausdruck *catering* kann nicht nur die Bewirtung bei einem gegebenen Anlass bezeichnet werden. Der Begriff steht auch für den gesamten Gastronomiebereich (*hotel, restaurant, bar sector*). Sagt man, man arbeite *in the catering sector,* bezieht sich das auf den ganzen Gastronomiebereich. Der *catering manager* leitet diesen Bereich.

---

translation service Übersetzungsdienst
[trænsˈleɪʃən ˈsɜːvɪs]
maintenance [ˈmeɪntənəns] Aufrechterhaltung, Instandhaltung, Wartung
maintenance costs *pl* Instandhaltungskosten
[ˈmeɪntənəns ˈkɒsts]
maintenance service Wartungsdienst
[ˈmeɪntənəns ˈsɜːvɪs]
  Please send us a quotation for a Bitte senden Sie uns ein Angebot für einen
  two-year maintenance service. zweijährigen Wartungsdienst zu.
cleaning service [ˈkliːnɪŋ ˈsɜːvɪs] Putzdienst
financial services *pl* Finanzdienstleistungen
[faɪˈnænʃl ˈsɜːvɪzəz]
data processing Datenverarbeitung
[ˈdeɪtə ˈprəʊsesɪŋ]
information technology (IT) Informationstechnologie
[ɪnfəˈmeɪʃən tekˈnɒlədʒɪ]
self-service [selfˈsɜːvɪs] Selbstbedienung
24-hour service Tag- und Nachtdienst
[ˈtwentɪfɔːˈaʊə ˈsɜːvɪs]
comprise [kəmˈpraɪz] beinhalten, bestehen aus
  Our offer comprises numerous Unser Angebot umfasst zahlreiche
  services. Dienstleistungen.

service charge [ˈsɜːvɪs tʃɑːdʒ] Bearbeitungsgebühr
There is a service charge for Für die Installation von Software wird eine
software installation. Bearbeitungsgebühr berechnet.

after-sales service Kundendienst
[ˈɑːftəseɪlz ˈsɜːvɪs]

customer service Kundendienst
[ˈkʌstəmə ˈsɜːvɪs]

customer service representative Kundenberater(in), Kundendienst-
[ˈkʌstəmə ˈsɜːvɪs reprɪˈzentətɪv] mitarbeiter(in)

customer relations pl Kundenbeziehungen
[ˈkʌstəmə rɪˈleɪʃənz]

maintain [meɪnˈteɪn] aufrechterhalten, pflegen
It is crucial to maintain good Es ist entscheidend, gute
relations with customers. Kundenbeziehungen zu pflegen.

advise [ədˈvaɪz] raten, beraten
A solicitor advises clients in Ein Rechtsanwalt berät seine Kunden bei
legal matters. rechtlichen Fragen.

range of services Dienstleistungspalette
[ˈreɪndʒ əv ˈsɜːvɪsəs]

reliable service [rɪˈlaɪəbl ˈsɜːvɪs] zuverlässige Dienstleistung
flexible service [ˈfleksəbl ˈsɜːvɪs] anpassungsfähige Dienstleistung
provide [prəˈvaɪd] anbieten, (be)liefern, zur Verfügung stellen
We provide tailor-made IT solutions. Wir stellen maßgeschneiderte EDV-
Lösungen zur Verfügung.

provider [prəˈvaɪdə] Anbieter(in)
expertise [ekspɜːˈtiːz] Kompetenz, Fachkenntnis
know-how [ˈnəʊhaʊ] Fachkenntnis, Know-how
We have extensive know-how in Wir verfügen über großes Fachwissen im
the tourism field. Tourismusbereich.

recommend [rekəˈmend] empfehlen
recommendation Empfehlung
[rekəmenˈdeɪʃən]

outplacement [ˈaʊtpleɪsmənt] Auslagerung
outsource [ˈaʊtsɔːs] an Fremdfirmen vergeben, auslagern
They outsource a number of services. Sie vergeben einige Dienstleistungen an
Fremdfirmen.

outsourcing [ˈaʊtsɔːsɪŋ] Fremdvergabe, Auslagerung

1. Märkte und Marketing

market [ˈmɑːkɪt]
Markt, Absatzgebiet, vermarkten, vertreiben
  We need to market this service aggressively.
  Wir müssen diesen Service aggressiv vermarkten.

marketing [ˈmɑːkɪtɪŋ]
Marketing, Absatzwirtschaft

enter a market [ˈentər ə ˈmɑːkɪt]
auf den Markt kommen

launch [lɔːntʃ]
auf den Markt bringen, einführen
  We will soon be launching a new product.
  Wir werden bald ein neues Produkt auf den Markt bringen.

dominate a market [ˈdɒmɪneɪt ə ˈmɑːkɪt]
einen Markt dominieren

dominant [ˈdɒmɪnənt]
beherrschend, dominant

monopolize a market [məˈnɒpəlaɪz ə ˈmɑːkɪt]
einen Markt monopolisieren

monopoly [məˈnɒpəlɪ]
Monopol

break into a market [breɪk ˈɪntu ə ˈmɑːkɪt]
in einen Market eindringen

market share [ˈmɑːkɪt ʃeə]
Marktanteil

market-oriented [mɑːkɪtˈɔːrɪəntəd]
marktorientiert

market position [ˈmɑːkɪt pəˈzɪʃən]
Marktposition

market value [ˈmɑːkɪt ˈvæljuː]
Marktwert

sales target [ˈseɪlz ˈtɑːgɪt]
Absatzziel

gap [gæp]
Lücke

gap in the market [gæp ɪn ðə ˈmɑːkɪt]
Marktlücke

market leader [ˈmɑːkɪt ˈliːdə]
Marktführer
  The market leader dominates the European market.
  Der Marktführer dominiert den europäischen Markt.

key players pl [kiː ˈpleɪəz]
Hauptakteure

market segmentation [ˈmɑːkɪt segmənˈteɪʃən]
Marktsegmentierung

business environment [ˈbɪznɪs ɪnˈvaɪrənmənt]
Geschäftsumfeld

mass market [ˈmæs mɑːkɪt]	Massenmarkt, Massenwaren
upmarket [ˈʌpmɑːkɪt]	gehoben, anspruchsvoll
The company moved more upmarket.	Die Firma wandte sich gehobeneren Käuferschichten zu.
high-end [ˈhaɪend]	hochwertig
This offering is aimed at high-end customers.	Dieses Angebot richtet sich an Kunden im oberen Marktsegment.
downmarket [ˈdaʊnmɑːkɪt]	billig, Massen…
niche [niːʃ]	Nische
niche market [ˈniːʃ ˈmɑːkɪt]	Nischenmarkt
target market [ˈtɑːgɪt ˈmɑːkɪt]	Zielmarkt
marketing mix [ˈmɑːkɪtɪŋ mɪks]	Marketingmix

INFOKASTEN

Beim *marketing mix* handelt es sich um die sogenannten vier Ps des Marketing: Produkt (*product*), Preis (*price*), Promotion/Werbung (*promotion*) und Platzierung (*placement*). Diese Variablen dienen dazu, adäquate Marketingentscheidungen zu treffen.

marketing strategy [ˈmɑːkɪtɪŋ ˈstrætɪdʒɪ]	Marktstrategie
positioning [pəˈzɪʃənɪŋ]	Positionierung
Product positioning is important when marketing an item.	Die Produktpositionierung ist beim Vermarkten eines Artikels wichtig.
tactics *pl* [ˈtæktɪks]	Taktik
core competences *pl* [kɔː ˈkɒmpɪtənsəz]	Kernkompetenzen
trademark [ˈtreɪdmɑːk]	Warenzeichen
brand [brænd]	Marke, Markenname

INFOKASTEN

Mit *brand* kann man viele zusammengesetzte Substantive bilden. Bsp.:
brand awareness/recognition   Markenbewusstsein
brand management   Marken-Management
brand identity   Markenidentität

brand name [ˈbrænd neɪm]	Markenbezeichnung, Markenname
brand loyalty [ˈbrænd ˈlɔɪəltɪ]	Markentreue
brand image [ˈbrænd ˈɪmɪdʒ]	Markenimage
non-branded [nɒnˈbrændɪd]	markenfrei
generic product [dʒeˈnerɪk ˈprɒdʌkt]	No-Name-Produkt
sales literature [ˈseɪlz ˈlɪtrətʃə]	Werbeunterlagen
special offer [ˈspeʃl ˈɒfə]	Sonderangebot

2. Marktforschung

market research [ˈmɑːkɪt riːˈsɜːtʃ]
Marktforschung

Market research aims to establish if there is a market for a particular product.

Marktforschung hat das Ziel, herauszufinden ob es für ein bestimmtes Produkt einen Markt gibt.

market survey [ˈmɑːkɪt ˈsɜːveɪ]	Marktumfrage
market testing [ˈmɑːkɪt ˈtestɪŋ]	Verbraucherumfrage
competitor analysis [kɒmˈpetɪtə əˈnæləsɪs]	Konkurrenzanalyse
market share analysis [ˈmɑːkɪt ʃeə əˈnæləsɪs]	Marktanteilanalyse
carry out a survey [ˈkærɪ aʊt ə ˈsɜːveɪ]	eine Umfrage durchführen
questionnaire [kwestʃəˈneə]	Fragebogen

Would you be prepared to complete a short questionnaire?

Würden Sie einen kurzen Fragebogen ausfüllen?

feedback [ˈfiːdbæk]	Reaktion, Feedback, Echo
positive feedback [ˈpɒzətɪv ˈfiːdbæk]	positives Echo
negative feedback [ˈnegətɪv ˈfiːdbæk]	negatives Echo
feasibility study [fiːzəˈbɪlətɪ ˈstʌdɪ]	Durchführbarkeitsstudie, Machbarkeitsstudie
comparison [kəmˈpærɪsən]	Vergleich
compare (with) [ˈkəmpeə (wɪθ)]	vergleichen (mit)

target group [ˈtɑːɡɪt gruːp]
The product should be designed to attract a certain target group.

Zielgruppe
Das Produkt muss so konzipiert sein, dass es eine bestimmte Zielgruppe anspricht.

INFOKASTEN

Eine *target group* (Zielgruppe) wird in verschiedene Kategorien eingeteilt. Marktforscher untersuchen z.B. die Altersstruktur der Kunden, die Höhe ihres Einkommens, ihren Wohnort und Wohnstatus (in einer Wohnung oder in einem Haus, alleinstehend oder verheiratet, mit oder ohne Kinder usw., *age, income, place of residence, single or married with children,* usw.). Mit diesen Informationen können Preise und geeignete Werbemaßnahmen für ein Produkt genauer bestimmt werden.

---

random sample
[ˈrændəm ˈsɑːmpl]

Stichprobe

representative [reprɪˈzentətɪv]

repräsentativ

age group [ˈeɪdʒ gruːp]

Altersgruppe

income group [ˈɪnkəm gruːp]

Einkommensgruppe

high-earner [haɪˈɜːnə]

Großverdiener

3. Konkurrenz

competition [kɒmpəˈtɪʃən]
Competition is high in many sectors.

Konkurrenz, Wettbewerb
In vielen Branchen herrscht große Konkurrenz.

be up against competition
[bɪ ʌp əˈgenst kɒmpəˈtɪʃən]
We will certainly be up against stiff competition now that import restrictions have been dropped.

Konkurrenz ausgesetzt sein

Da die Importbeschränkungen aufgehoben wurden, werden wir mit Sicherheit harter Konkurrenz ausgesetzt sein.

without competition
[ˈwɪðaʊt kɒmpəˈtɪʃən]

konkurrenzlos

fierce competition
[ˈfɪəs kɒmpəˈtɪʃən]

scharfe Konkurrenz

stiff competition	harte Konkurrenz
[ˈstɪf kɒmpəˈtɪʃən]	
unfair competition	unlauterer Wettbewerb
[ˈʌnfeə kɒmpəˈtɪʃən]	
compete [kəmˈpiːt]	konkurrieren, in Wettstreit treten
competitor [kəmˈpetɪtə]	Konkurrent(in), Gegner(in)
Jones Industries is one of our	Jones Industries ist einer unserer
main competitors on the British	Hauptkonkurrenten auf dem
market.	britischen Markt.
competitive [kəmˈpetɪtɪv]	konkurrenzfähig
competitive advantage	Wettbewerbsvorteil
[kəmˈpetɪtɪv ədˈvɑːntɪdʒ]	
competitiveness [kəmˈpetɪtɪvnəs]	Wettbewerbsfähigkeit
competing [kəmˈpiːtɪŋ]	konkurrierend
Two new competing firms have	Zwei neue Mitkonkurrenten sind gerade
just broken into the software market.	in den Softwaremarkt eingedrungen.
rival [ˈraɪvəl]	Konkurrent(in)
rival product [ˈraɪvəl ˈprɒdʌkt]	Konkurrenzprodukt

4. Verbraucher

consume [kənˈsjuːm]	verbrauchen, konsumieren
consumer [kənˈsjuːmə]	Verbraucher(in), Konsument(in)
consumption [kənˈsʌmpʃən]	Verbrauch, Verzehr
Consumption has doubled over	Der Verbrauch hat sich im vergangenen
the past year.	Jahr verdoppelt.
personal consumption	Eigenverbrauch
[ˈpɜːsənl kənˈsʌmpʃən]	
consumer protection	Verbraucherschutz
[kənˈsjuːmə prəˈtekʃən]	
ultimate consumer	Endverbraucher(in)
[ˈʌltɪmət kənˈsjuːmə]	
average consumer	Durchschnittsverbraucher(in)
[ˈævərɪdʒ kənˈsjuːmə]	
consumer behaviour	Verbraucherverhalten
[kənˈsjuːmə bɪˈheɪvjə]	

consumer confidence [kən'sju:mə 'kɒnfɪdəns]	Kaufbereitschaft, Konsumklima
consumer society [kən'sju:mə sə'saɪətɪ]	Konsumgesellschaft
consumer preference [kən'sju:mə 'prefərəns]	Verbrauchervorliebe
customer ['kʌstəmə]	Kunde/Kundin
customer loyalty ['kʌstəmə 'lɔɪəltɪ]	Kundentreue
spending habits *pl* ['spendɪŋ 'hæbɪts]	Kaufgewohnheiten
need [ni:d]	Notwendigkeit, Bedarf, benötigen
want [wɒnt]	Bedürfnis, Wunsch, Mangel, wollen
We are conducting research into our customers' wants.	Wir erforschen die Wünsche unserer Kunden.
purchaser ['pɜːtʃəsə]	Käufer(in)
punter *BE, fam* ['pʌntə]	Kunde/Kundin
the average punter [ði: 'avərɪdʒ 'pʌntə]	Otto Normalverbraucher

5. Werbung

advertise ['ædvətaɪz]	werben, inserieren
advertising ['ædvətaɪzɪŋ]	Werbung
Large firms invest heavily in advertising.	Große Firmen investieren viel Geld in die Werbung.
advertising budget ['ædvətaɪzɪŋ 'bʌdʒət]	Werbeetat
advertising agency ['ædvətaɪzɪŋ 'eɪdʒənsɪ]	Werbeagentur
advertising campaign ['ædvətaɪzɪŋ kæm'peɪn]	Werbekampagne
The advertising campaign reached its target groups.	Die Werbekampagne hat ihre Zielgruppen erreicht.
advertising copy ['ædvətaɪzɪŋ 'kɒpɪ]	Werbetext

(advertising) slogan	Werbespruch
[(ˈædvətaɪzɪŋ) ˈsləʊgən]	
advertisement [ædˈvɜːtɪsmənt]	Werbung, Reklame
advert, ad [ˈædvɜːt, æd]	Werbung, Reklame
place an advertisement	eine Anzeige schalten, inserieren
[ˈpleɪs ən ædˈvɜːtɪsmənt]	
media pl [ˈmiːdɪə]	Medien
We advertise in a range of media.	Wir machen in zahlreichen Medien Werbung.
advertising medium	Werbemittel
[ˈædvətaɪzɪŋ ˈmiːdɪəm]	
Internet ad [ˈɪntənət æd]	Internetanzeige

INFOKASTEN

In der Internetwerbung spricht man von *banners* (Werbeblock, Werbebanner) und *pop-ups* (automatisch erscheinende Bildschirmwerbung).

newspaper ad [ˈnjuːzpeɪpə æd]	Zeitungsinserat
commercial [kəˈmɜːʃəl]	Werbespot (Radio, TV)
infomercial [ɪnfəʊˈmɜːʃəl]	Werbesendung
attract customers	Kunden gewinnen
[əˈtrækt ˈkʌstəməz]	
leaflet [ˈliːflɪt]	Prospekt, Handzettel
poster [ˈpəʊstə]	Plakat
word-of-mouth advertising	Mund-zu-Mund-Propaganda
[wɜːd əv məʊθ ˈædvətaɪzɪŋ]	
Word-of-mouth advertising is cheap and effective.	Mund-zu-Mund-Propaganda ist kostengünstig und wirksam.
publicity [pʌbˈlɪsɪtɪ]	Werbung, Publizität
They have received much negative publicity.	Sie haben viel negative Publizität bekommen.
publicity campaign	Werbekampagne
[pʌbˈlɪsɪtɪ kæmˈpeɪn]	
public [ˈpʌblɪk]	öffentlich, Öffentlichkeit
We must maintain our image among the general public.	Wir müssen unser Image in der Öffentlichkeit pflegen.

Public Relations (PR)
['pʌblɪk rɪ'leɪʃənz]
  Public Relations concentrates on
  promoting the company's image.

Public Relations, Öffentlichkeitsarbeit

  Die Öffentlichkeitsarbeit konzentriert sich
  darauf, für das Image der Firma zu
  werben.

INFOKASTEN

PR exercises (PR-Aktivitäten), um das Image einer Firma zu verbessern, sind z.B.:
open-day(s) (Tag(e) der offenen Tür) oder *sponsoring* (Sponsorenunterstützung)
für örtliche Sportvereine oder bei Festen.

---

sponsor ['spɒnsə]   Förderer(in), fördern
sponsorship ['spɒnsəʃɪp]   finanzielle Förderung
promote [prə'məʊt]   werben für
  We are sponsoring this event to   Wir sponsern diese Veranstaltung,
  promote our image.   um unser Image zu verbessern.
promotion [prə'məʊʃən]   Werbeaktion, Förderung
sales promotion   Verkaufsförderung
['seɪlz prə'məʊʃən]
promotional material   Werbematerial
[prə'məʊʃənəl mə'tɪərɪəl]
presentation [prezən'teɪʃən]   (Verkaufs-)Präsentation
  You are required to give a   Sie sollen eine zehnminütige
  ten-minute product presentation.   Produktpräsentation halten.
free gift [friː 'gɪft]   Werbegeschenk
giveaway ['gɪvəweɪ]   Werbegeschenk
sample ['sɑːmpl]   (Waren-)Probe, Muster, probieren, kosten
free sample [friː 'sɑːmpl]   Gratisprobe, Werbemuster
  We are offering free samples of   Wir bieten gerade kostenlose Proben
  our products.   unserer Produkte an.
mailshot ['meɪlʃɒt]   Postwurfsendung, Mailing
mailing list ['meɪlɪŋ lɪst]   Verteilerliste, Adressenliste
junk mail ['dʒʌŋk meɪl]   (unerwünschte) Reklamesendungen
press release ['pres rɪ'liːs]   Pressemitteilung
press conference   Pressekonferenz
['pres 'kɒnfərəns]

6. Messen

fair [feə]
Messe, Ausstellung

trade fair [ˈtreɪd feə]
Handelsmesse, Fachmesse

trade fair grounds *pl*
Messegelände
[ˈtreɪd feə graʊndz]

venue [ˈvenjuː]
Veranstaltungsort

exhibition [eksɪˈbɪʃən]
Ausstellung

exhibit [ekˈzɪbɪt]
Ausstellungsstück, ausstellen

exhibitor [ekˈzɪbɪtə]
Aussteller

attend a fair [əˈtend ə feə]
an einer Messe teilnehmen

  We are planning to attend the
  fair in London.
  Wir planen an der Messe in London
  teilzunehmen.

visit a fair [ˈvɪzɪt ə feə]
eine Messe besuchen

visitor [ˈvɪzɪtə]
Besucher(in)

registration [redʒɪˈstreɪʃən]
(Messe-)Anmeldung, Registrierung

  The registration deadline for the
  fair is next week.
  Die Anmeldungsfrist für die Messe endet
  Ende nächster Woche.

exhibition space
Ausstellungsfläche
[eksɪˈbɪʃən speɪs]

floor plan [ˈflɔːplæn]
Übersichtsplan

stand [stænd]
Stand

stand rental [stænd ˈrentəl]
Standmiete

stand location [stænd ləʊˈkeɪʃən]
Standlage

put up a stand [pʊt ʌp ə ˈstænd]
einen Stand aufstellen

dismantle a stand
einen Stand abbauen
[dɪsˈmæntl ə stænd]

display [dɪˈspleɪ]
Auslage, ausstellen

on display [ɒn dɪˈspleɪ]
ausgestellt

quote [kwəʊt]
Angebot, ein Preisangebot machen

  Please let us have your most
  favourable quote for a stand.
  Bitte lassen Sie uns Ihr günstigstes
  Angebot für einen Stand zukommen.

facilities *pl* [fəˈsɪlɪtiːz]
Räumlichkeiten

  We would require these facilities
  for the duration of the fair.
  Wir würden diese Räumlichkeiten für die
  Dauer der Messe brauchen.

furniture and equipment
Einrichtung und Ausrüstung
[ˈfɜːnɪtʃə ənd ɪˈkwɪpmənt]

1. Transport

ship [ʃɪp]	versenden, befördern
Your order will be shipped tomorrow.	Ihre Bestellung wird morgen versendet.
shipment ['ʃɪpmənt]	Warensendung, Lieferung, Verschiffung
shipping ['ʃɪpɪŋ]	Versand
consolidated shipment	Sammelladung
[kən'sɒlɪdeɪtəd 'ʃɪpmənt]	
shipping documents pl	Versandpapiere
['ʃɪpɪŋ 'dɒkjumənts]	
consignment ['kənsaɪnmənt]	Sendung
part consignment	Teillieferung
[paːt 'kənsaɪnmənt]	
forward ['fɔːwəd]	versenden
Your consignment will be forwarded by rail to the nearest goods station.	Ihre Waren werden per Bahn an den nächsten Güterbahnhof versendet.
forwarder ['fɔːwədə]	Absender, Spediteur
transport [træns'pɔːt]	transportieren
mode of transport	Transportart
[məʊd əv 'trænspɔːt]	
roll-on roll-off transport (ro-ro)	Ro-Ro-Verkehr
[rəʊl'ɒn rəʊl'ɒf 'trænspɔːt]	

INFOKASTEN

Ro-ro transport (roll-on roll-off transport) bedeutet, dass die Waren in einem Container verpackt sind, der während einer Fähr- oder Seepassage auf dem LKW bleibt. Der LKW kann dann im Zielhafen direkt vom Fährschiff zum Bestimmungsort fahren.

carrier ['kærɪə]	Frachtführer, Spediteur
carriage ['kærɪdʒ]	Fracht, Transport
carriage charges pl	Frachtkosten
['kærɪdʒ 'tʃɑːdʒəz]	
carriage paid ['kærɪdʒ peɪd]	frachtfrei

logistics [ləˈdʒɪstɪks]	Logistik
destination [destɪnˈeɪʃən]	Bestimmungsort
weight limit [ˈweɪt ˈlɪmɪt]	Höchstgewicht
freight [freɪt]	Fracht(gut), Ladung
freight charges pl [ˈfreɪt ˈtʃɑːdʒəz]	Frachtkosten
sea freight [ˈsiː freɪt]	Seefracht
air freight [ˈeə freɪt]	Luftfracht

The goods will be sent as air freight on Lufthansa flight number … from Düsseldorf.

Die Waren werden als Luftfracht mit dem Lufthansa-Flug Nr. … von Düsseldorf geschickt.

by air [baɪ ˈeə]	per Luftfracht
airline [ˈeəlaɪn]	Fluglinie
by sea [baɪ ˈsiː]	per Schiff
port [pɔːt]	Hafen
harbour [ˈhɑːbə]	Hafen
vessel [ˈvesɪl]	Schiff
bill of lading [bɪl əv ˈleɪdɪŋ]	Seefrachtbrief, Konnossement

INFOKASTEN

Bill of lading: Das Konnossement heißt Seefrachtbrief, wenn Waren per Seefracht gesendet werden. Mit einem *clean bill of lading* oder reinem Konnossement beweist der Spediteur, dass sich die Waren bei der Ladung auf das Schiff in gutem Zustand befanden. Das Gegenteil nennt man *unclean/dirty bill of lading,* wenn Waren beschädigt oder unvollständig sind.

by rail [baɪ ˈreɪl]	per Bahn
rail transport [ˈreɪl ˈtrænspɔːt]	Transport per Schiene

Rail transport is preferable for bulk cargoes and containers.

Transport per Schiene wird bei Massengüterversand und Containertransport bevorzugt.

goods train BE [ˈɡʊdz treɪn]	Güterzug
by road [baɪ ˈrəʊd]	per Güterkraftverkehr
lorry BE [ˈlɒrɪ]	Lastwagen
truck AE [trʌk]	Lastwagen
trucking [ˈtrʌkɪŋ]	Güterkraftverkehr
haulier [ˈhɔːlɪə]	LKW-Unternehmer

road haulage [ˈrəʊd ˈhɔːlɪdʒ]	Güterkraftverkehr
(delivery) van [(dɪˈlɪvərɪ) væn]	Lieferwagen
courier [ˈkʊrɪə]	Kurier
toll [təʊl]	Maut
in transit [ɪn ˈtrænsɪt]	auf dem Weg, unterwegs
en route [ɒ̃ ˈruːt]	auf dem Weg, unterwegs
cargo [ˈkɑːgəʊ]	Ladung, Fracht
bulk cargo [ˈbʌlk ˈkɑːgəʊ]	Massengüter
mixed cargo [ˈmɪkst ˈkɑːgəʊ]	Stückgut
load [ləʊd]	Ladung, beladen
unload [ʌnˈləʊd]	ausladen, entladen
His job is to unload lorries.	Seine Aufgabe ist es, LKWs zu entladen.

2. Verpackung

pack [pæk]	packen, einpacken
Our goods are machine-packed.	Unsere Waren werden maschinell verpackt.
package [ˈpækɪdʒ]	Paket
packing [ˈpækɪŋ]	Verpacken, Verpackung

INFOKASTEN

Packaging (Verpackung) muss der Art der Waren und ihrem Transportweg ange-
passt sein. Tee wird in *chests* (Kisten) verpackt, Kaffee in *sacks* (Säcken), Flüs-
sigkeiten in *drums* (Tonnen), Baumwolle in *bales* (Ballen). Geräte und Maschinen
werden zum Transport auf *pallets* (Paletten) montiert.

packing costs *pl* [ˈpækɪŋ kɒsts]	Verpackungskosten
postage and packing	Porto und Verpackung
[ˈpəʊstɪdʒ ənd ˈpækɪŋ]	
packaging [ˈpækɪdʒɪŋ]	Verpackung
waterproof [ˈwɔːtəpruːf]	wasserdicht
airtight [ˈeətaɪt]	luftdicht
It is advisable to use airtight packaging for such goods.	Für diese Waren empfehlen wir, eine luftdichte Verpackung zu verwenden.
padded [ˈpædɪd]	gepolstert

pallet [ˈpælɪt]	Palette
The pallets will be picked up by our carrier with the next consignment.	Die Paletten werden von unserem Frachtführer abgeholt, wenn die nächste Sendung geliefert wird.
box [bɒks]	Karton, Kiste, verpacken
cardboard box [ˈkɑːdbɔːd bɒks]	Karton
drum [drʌm]	Tonne
barrel [ˈbærəl]	Fass, Barrel (Erdöl)
The price of oil is normally specified in dollars per barrel.	Der Ölpreis wird normalerweise in Dollar pro Barrel angegeben.
parcel [ˈpɑːsl]	Paket
contain [kənˈteɪn]	enthalten
caution marks pl [ˈkɔːʃən mɑːks]	Sicherheitsmarkierungen
fragile [ˈfrædʒaɪl]	zerbrechlich
We specialize in transporting fragile goods.	Wir sind auf den Transport zerbrechlicher Güter spezialisiert.
This side up [ðɪs saɪd ˈʌp]	Hier oben
insufficient [ɪnsəˈfɪʃənt]	ungenügend
Damage to the goods is often due to insufficient packing.	Warenschäden sind häufig auf ungenügende Verpackung zurückzuführen.
dimensions pl [deɪˈmenʃənz]	Abmessungen
length [leŋθ]	Länge
width [wɪdθ]	Breite
height [haɪt]	Höhe

3. Lagerung

storage [ˈstɔːrɪdʒ]	Lagerung
storage facilities pl [ˈstɔːrɪdʒ fəˈsɪləti:z]	Lagermöglichkeiten
storage capacity [ˈstɔːrɪdʒ kəˈpæsəti]	Lagerkapazität
store [stɔː]	Lager, Vorrat, lagern, aufbewahren
Our goods are all stored centrally.	Unsere Waren werden alle zentral gelagert.
warehouse [ˈweəhaʊs]	Lagerhaus, Lager

stock [stɒk] — Lagerbestand, Vorrat, lagern, aufbewahren

have in stock [hæv ɪn 'stɒk] — vorrätig, auf Lager haben

  We have a wide range of winter coats in stock. — Wir haben eine große Auswahl an Wintermänteln auf Lager.

out of stock [aʊt əv 'stɒk] — ausverkauft

stock up [stɒk 'ʌp] — aufstocken

  We need to stock up on office supplies. — Wir müssen unseren Bestand an Büromaterial aufstocken.

take stock [teɪk 'stɒk] — Inventur machen

stocks pl [stɒks] — Vorräte

while stocks last [waɪl 'stɒks lɑːst] — solange der Vorrat reicht

available [ə'veɪləbl] — verfügbar, vorrätig, lieferbar

shelf life ['ʃelf laɪf] — Lagerfähigkeit

  Many food products have a short shelf life. — Viele Lebensmittel haben eine kurze Lagerfähigkeit.

sell-by date ['selbaɪ deɪt] — Haltbarkeitsdatum

shortage ['ʃɔːtɪdʒ] — Mangel, Knappheit

4. Lieferung

deliver [dɪ'lɪvə] — liefern, zustellen

  When can you deliver the goods? — Wann können Sie die Waren liefern?

delivery [dɪ'lɪvərɪ] — Lieferung, Auslieferung

delivery note [dɪ'lɪvərɪ nəʊt] — Lieferschein

delivery instructions pl [dɪ'lɪvərɪ ɪn'strʌkʃənz] — Lieferanweisung, Liefervorschriften

  Please follow our delivery instructions carefully. — Bitte befolgen Sie unsere Liefervorschriften sorgfältig.

advice of delivery [əd'vaɪs əv dɪ'lɪvərɪ] — Rückschein, Versandanzeige

delay in delivery [dɪ'leɪ ɪn dɪ'lɪvərɪ] — Lieferverzug

  We would like to apologize for the delay in delivery of your order. — Wir möchten uns für den Lieferverzug bei Ihrer Bestellung entschuldigen.

special delivery ['speʃəl dɪ'lɪvərɪ] — Eilzustellung

take delivery of [teɪk dɪˈlɪvərɪ əv] in Empfang nehmen

refusal [rɪˈfjuːzəl] Ablehnung

refusal of delivery Annahmeverweigerung
[rɪˈfjuːzəl əv dɪˈlɪvərɪ]

part delivery [ˈpɑːt dɪˈlɪvərɪ] Teillieferung

delivery date [dɪˈlɪvərɪ ˈdeɪt] Liefertermin, Lieferdatum

delivery deadline Lieferfrist
[dɪˈlɪvərɪ ˈdedlaɪn]

just-in-time delivery wartezeitfreie Lieferung, JIT-Lieferung
[dʒʌstɪnˈtaɪm dɪˈlɪvərɪ]

express delivery Eilsendung
[ɪkˈspres dɪˈlɪvərɪ]

at short notice [ət ˈʃɔːt ˈnəʊtɪs] kurzfristig

urgent [ˈɜːdʒənt] dringend

door-to-door delivery Haus-zu-Haus-Lieferung
[dɔːtəˈdɔː dɪˈlɪvərɪ]

One advantage of road transport is Ein Vorteil beim LKW-Transport ist, dass
that the goods can be delivered Waren von Haus zu Haus geliefert
door-to-door. werden können.

delivery charge [dɪˈlɪvərɪ ˈtʃɑːdʒ] Lieferkosten

dispatch [dɪˈspætʃ] Versand, Sendung, (ver)senden, schicken

Your order will be dispatched in Ihre Bestellung wird morgen Vormittag
the morning. verschickt.

ready for dispatch versandbereit
[ˈredɪ fə dɪˈspætʃ]

terms of delivery *pl* Lieferbedingungen
[tɜːmz əv dɪˈlɪvərɪ]

free [friː] kostenlos, frei

free domicile [ˈfriː ˈdɒmɪsaɪl] frei Haus

shipping costs *pl* [ˈʃɪpɪŋ kɒsts] Versandkosten

Incoterms *pl* [ɪnkəʊˈtɜːmz] Internationale Handelsbezeichnungen

cost and freight (CFR) Kost und Fracht
[kɒst ənd ˈfreɪt]

cost, insurance and freight (CIF) Kosten, Versicherung und Fracht
[ˈkɒst ɪnˈʃʊərəns ənd ˈfreɪt]

The goods have been shipped CIF Die Waren wurden wie gewünscht CIF
Dover as requested. Dover verschifft.

delivered duty paid (DDP)
[dɪˈlɪvəd ˈdjuːtɪ peɪd]   verzollt geliefert

ex works [ɪks ˈwɜːks]   ab Werk

not yet arrived [nɒt jet əˈraɪvd]   noch nicht eingetroffen

in bad order [ɪn bæd ˈɔːdə]   in schlechtem Zustand

  We must complain as the goods have   Wir müssen uns beschweren, da die
  arrived in bad order.   Waren in schlechtem Zustand eingetroffen
    sind.

5. Versicherung

insurance [ɪnˈʃʊərəns]   Versicherung

insurance policy   Versicherungspolice
[ɪnˈʃʊərəns ˈpɒləsɪ]

insurance company   Versicherungsgesellschaft
[ɪnˈʃʊərəns ˈkʌmpənɪ]

insurance premium   Versicherungsprämie
[ɪnˈʃʊərəns ˈpriːmɪəm]

insurance broker   Versicherungsmakler
[ɪnˈʃʊərəns ˈbrəʊkə]

take out insurance   eine Versicherung abschließen
[teɪk aʊt ɪnˈʃʊərəns]

insured party [ɪnˈʃʊəd ˈpɑːtɪ]   die versicherte Person

insurer [ɪnˈʃʊərə]   Versicherer, Versicherungsträger

insure [ɪnˈʃʊə]   versichern

  We must insure the building against   Wir müssen das Gebäude gegen Feuer
  fire and theft.   und Diebstahl versichern.

be insured against sth.   gegen etwas versichert sein
[bɪ ɪnˈʃʊəd əˈgenst ˈsʌmθɪŋ]

partial loss [ˈpɑːʃəl lɒs]   Teilverlust

insurance value   Versicherungswert
[ɪnˈʃʊərəns ˈvæljuː]

  What is the insurance value of the   Welchen Versicherungswert hat die
  consignment?   Sendung?

cargo insurance   Cargokostenversicherung
[ˈkɑːgəʊ ɪnˈʃʊərəns]

freight insurance
[freɪt ɪnˈʃʊərəns]

Frachtkostenversicherung

INFOKASTEN

Weitere Versicherungsarten im Englischen sind z.B.:

house contents insurance	Hausratversicherung
life insurance/life assurance	Lebensversicherung
fire insurance	Brandschutzversicherung
personal liability	Privathaftpflicht

insurance rates *pl*
[ɪnˈʃʊərəns reɪts]

Versicherungstarife

insurance claim
[ɪnˈʃʊərəns kleɪm]

Versicherungsanspruch

make an insurance claim
[ˈmeɪk ən ɪnˈʃʊərəns kleɪm]

Schadenersatz fordern

claim form [ˈkleɪm fɔːm]

Schadenformular

settle a claim [setl ə ˈkleɪm]

einen Schaden regulieren

The Insurance company refuses to settle our claim.

Die Versicherungsgesellschaft weigert sich, unseren Schaden zu regulieren.

damage [ˈdæmɪdʒ]

Schaden

claim for damages
[kleɪm fə ˈdæmɪdʒəz]

Schadenersatzanspruch

liability [laɪəˈbɪlətɪ]

Haftung

product liability
[ˈprɒdʌkt laɪəˈbɪlətɪ]

Produkthaftung

be liable for [bɪ ˈlaɪəbəl fɔː]

haftbar sein für, haften für

cover [ˈkʌvə]

(ab)decken, versichern

insurance cover
[ɪnˈʃʊərəns ˈkʌvə]

Versicherungsschutz

maximum cover
[ˈmæksɪməm ˈkʌvə]

maximale Deckungshöhe

risk [rɪsk]

Risiko

compensation [kɒmpenˈseɪʃən]

Schadenersatz, Entschädigung

mutual [ˈmjuːtʃʊəl]

gemeinsam, beiderseitig, gegenseitig

mutual insurance
[ˈmjuːtʃʊəl ɪnˈʃʊərəns]

Versicherung auf Gegenseitigkeit

1. Banken und Konten

commercial bank [kəˈmɜːʃl bæŋk] Handelsbank, Geschäftsbank
High Street banks *pl, BE* (britische) Großbanken
[ˈhaɪstriːt bæŋks]

> **INFOKASTEN**
>
> In Großbritannien heißen manche Handelsbanken auch *High Street Banks*, da sie in vielen Städten mit Niederlassungen in der örtlichen Hauptstraße vertreten sind.

bank branch [ˈbæŋk brɑːntʃ] Filiale
branch manager Filialleiter(in)
[brɑːntʃ ˈmænɪdʒə]
savings bank [ˈseɪvɪŋz bæŋk] Sparkasse
central bank [ˈsentrəl bæŋk] Zentralbank

> **INFOKASTEN**
>
> In Großbritannien ist die *central bank* (Zentralbank) die *Bank of England.* Sie wird wegen ihrer Adresse auch *The Old Lady of Threadneedle Street* genannt. In den USA heißt die Zentralbank *The Federal Reserve Bank,* oder kurz *the Fed.*

building society *BE* Bausparkasse
[ˈbɪldɪŋ səˈsaɪɪti]
  Building societies are owned by their   Bausparkassen gehören ihren Mitgliedern.
  members.
merchant bank [ˈmɜːtʃənt bæŋk] Handelsbank
financial institution Geldinstitut
[faɪˈnænʃəl ɪnstɪˈtjuːʃən]
  He would like to work for a financial   Er möchte gerne für ein Geldinstitut
  institution.   arbeiten.
monetary [ˈmʌnɪtri] monetär, Geld…, Währungs…
treasury [ˈtreʒəri] Finanzministerium, Fiskus

INFOKASTEN

In den USA wird das Finanzministerium *The Treasury* genannt, geleitet wird es von dem *Treasury Secretary.* In Großbritannien heißt das Ministerium *The Exchequer,* und es wird vom *Chancellor of the Exchequer* geführt. Dieser wohnt im Haus Nr. 11 in der *Downing Street,* direkt neben dem Premierminister in Nr. 10.

Internet banking [ˈɪntənet ˈbæŋkɪŋ]	Internetbanking
banking service [ˈbæŋkɪŋ ˈsɜːvɪs]	Bankdienstleistung
vault [vɔːlt]	Tresor(raum)
account [əˈkaʊnt]	(Kunden-)Konto, Rechnung
account balance [əˈkaʊnt ˈbæləns]	Kontostand
account management [əˈkaʊnt ˈmænɪdʒmənt]	Kontoführung, Kundenbetreuung
bank account [ˈbæŋk əˈkaʊnt]	Bankkonto
I have opened a new bank account.	Ich habe ein neues Bankkonto eröffnet.
current account [ˈkʌrənt əˈkaʊnt]	Girokonto
savings *pl* [ˈseɪvɪŋz]	Ersparnisse
savings account [ˈseɪvɪŋz əˈkaʊnt]	Sparkonto
deposit [dɪˈpɒzɪt]	Einzahlung, deponieren, einzahlen
deposit account [dɪˈpɒzɪt əˈkaʊnt]	Sparkonto
joint account [dʒɔɪnt əˈkaʊnt]	Gemeinschaftskonto
open an account [ˈəʊpən ən əˈkaʊnt]	ein Konto eröffnen
You need to have proof of identity in order to open a bank account.	Um ein Bankkonto zu eröffnen, müssen Sie sich ausweisen können.
close an account [kləʊz ən əˈkaʊnt]	ein Konto schließen
block an account [blɒk ən əˈkaʊnt]	ein Konto sperren
pay in [peɪ ˈɪn]	(Geld) einzahlen
make a deposit [meɪk ə dɪˈpɒzɪt]	Geld einzahlen
fixed deposit [fɪkst dɪˈpɒzɪt]	Festgeld
interest [ˈɪntrest]	Zins(en), Anteil, Beteiligung

interest rate [ˈɪntrest reɪt]	Zinssatz
earn interest [ɜːn ˈɪntrest]	Zins bringen
The savings account earns 1% interest annually.	Der Sparkonto bringt jährlich 1 % Zinsen.
pay interest on [peɪ ˈɪntrest ɒn]	verzinsen
accrual of interest [əˈkruːəl əv ˈɪntrest]	Zinsthesaurierung
compound interest [ˈkɒmpaʊnd ˈɪntrəst]	Zinseszins
key rate [ˈkiː reɪt]	Leitzins
credit an account [ˈkredɪt ən əˈkaʊnt]	einem Konto gutschreiben
withdrawal [wɪθˈdrɔːəl]	Entnahme, Abhebung
make a withdrawal [meɪk ə wɪθˈdrɔːəl]	Geld abheben
overdraft [ˈəʊvədrɑːft]	Kontoüberziehung
What is my overdraft limit?	Was ist meine Überziehungsgrenze?
bank overdraft [bæŋk ˈəʊvədrɑːft]	Banküberziehungskredit
overdraw an account [əʊvəˈdrɔː ən əˈkaʊnt]	ein Konto überziehen
transfer [trænsˈfɜː]	überweisen
bank transfer [bæŋk ˈtrænsfɜː]	Banküberweisung
Please settle the invoice via bank transfer.	Bitte zahlen Sie die Rechnung per Banküberweisung.
statement of account [ˈsteɪtmənt ʌv əˈkaʊnt]	Kontoauszug
bank statement [bæŋk ˈsteɪtmənt]	Kontoauszug
bank charges pl [bæŋk ˈtʃɑːdʒɪz]	Kontogebühren
balance [ˈbæləns]	Saldo, Restbetrag, Differenz
account details pl [əˈkaʊnt ˈdiːteɪlz]	Bankverbindung, Kontodaten
account number [əˈkaʊnt ˈnʌmbə]	Kontonummer,
sort code [ˈsɔːt kəʊd]	Bankleitzahl
cheque BE, **check** AE [tʃek]	Scheck
payee [peɪˈiː]	Zahlungsempfänger

credit card [ˈkredɪt kɑːd]	Kreditkarte
debit [ˈdebɪt]	Soll, Belastung, Lastschrift
debit card [ˈdebɪt kɑːd]	Bankkarte
I pay for expensive items with my debit card.	Ich bezahle teure Artikel mit meiner Bankkarte.
direct debit [daɪˈrekt ˈdebɪt]	Einzugsermächtigung
cash card [ˈkæʃ kɑːd]	Bankkarte
cashpoint [ˈkæʃpɔɪnt]	Geldautomat
Is there a cashpoint nearby?	Gibt es hier in der Nähe einen Geldautomaten?
cash dispenser [kæʃ dɪˈspensə]	Geldautomat
standing order [ˈstændɪŋ ˈɔːdə]	Dauerauftrag

2. Investitionen und Finanzierung

investment [ɪnˈvestmənt]	Investition, Geldanlage
invest in sth. [ɪnˈvest ɪn ˈsʌmθɪŋ]	in etwas investieren
investor [ɪnˈvestə]	Kapitalanleger(in), Investor(in)
finance [ˈfaɪnæns]	Finanz, Finanzwesen, finanzieren
A loan was used to finance the deal.	Ein Darlehen wurde verwendet, um den Handel zu finanzieren.
finances pl [ˈfaɪnænsəz]	Finanzen, Finanzmittel
financial assets pl [faɪˈnænʃəl ˈæsets]	Geldvermögen
fund [fʌnd]	Fonds, finanzieren
We require new investment to fund our restructuring.	Wir benötigen neue Investitionen, um unsere Umgestaltung zu finanzieren.
funding [ˈfʌndɪŋ]	Finanzierung
funds pl [fʌndz]	Mittel, Gelder
be short of funds [bɪ ʃɔːt əv ˈfʌndz]	knapp bei Kasse sein
capital [ˈkæpɪtəl]	Kapital, Vermögen
capital account [ˈkæpɪtəl əˈkaʊnt]	Vermögensrechnung
capital gains pl [ˈkæpɪtəl ɡeɪnz]	Veräußerungsgewinne
opening capital [ˈəʊpənɪŋ ˈkæpɪtəl]	Anfangskapital, Startkapital

corporate net worth	Eigenkapital
[ˈkɔːpərət net wɜːθ]	
liquidity [lɪˈkwɪdɪtɪ]	Liquidität
grant [grɑːnt]	Subvention, Beihilfe, gewähren
gain [geɪn]	Zunahme, Zuwachs, Gewinn,
	hinzugewinnen
return [rɪˈtɜːn]	Rückgabe, Ertrag
rate of return [reɪt əv rɪˈtɜːn]	Rendite
return on investment (ROI)	Kapitalrendite
[rɪˈtɜːn ɒn ɪnˈvestmənt]	
yield [jiːld]	Ertrag, Rendite, hervorbringen, abwerfen
This investment offers a high yield.	Diese Investition bietet eine hohe Rendite.
average yield [ˈævərɪdz jiːld]	Durchschnittsertrag
yield curve [ˈjiːld kɜːv]	Renditekurve
venture [ˈventʃə]	Projekt, Wagnis
venture capital [ˈventʃə ˈkæpɪtəl]	Venture-Kapital, Risikokapital
assets *pl* [ˈæsets]	Aktivvermögen, Aktiva
liabilities *pl* [laɪəˈbɪlɪtiːz]	Verbindlichkeiten, Passiva
assets and liabilities *pl*	Aktiva und Passiva, Vermögenswerte
[ˈæsets ənd laɪəˈbɪlɪtiːz]	
solvency [ˈsɒlvənsɪ]	Zahlungsfähigkeit
solvent [ˈsɒlvənt]	zahlungsfähig, solvent
insolvency [ɪnˈsɒlvənsɪ]	Zahlungsunfähigkeit
insolvent [ɪnˈsɒlvənt]	zahlungsunfähig
become insolvent	zahlungsunfähig werden
[bɪˈkʌm ɪnˈsɒlvənt]	

3. Darlehen

loan [ləʊn]	Darlehen, Anleihe, verleihen
personal loan [ˈpɜːsənl ləʊn]	Privatkredit, persönliches Darlehen
He took out a personal loan to	Er hat einen Privatkredit aufgenommen,
buy a car.	um ein Auto zu kaufen.
building loan [ˈbɪldɪŋ ləʊn]	Baukredit
apply for a loan	ein Darlehen beantragen
[əˈplaɪ fər ə ləʊn]	

take out [teɪk ˈaʊt]	(einen Vertrag) abschließen
pay off [peɪ ˈɒf]	(sich) auszahlen, abbezahlen
repay [riːˈpeɪ]	abzahlen, erstatten
You are requested to repay the loan within one month.	Sie müssen das Darlehen innerhalb von einem Monat abzahlen.
repayment [riːˈpeɪmənt]	Rückzahlung, Abzahlung
credit [ˈkredɪt]	Kredit
overdraft credit [ˈəʊvədrɑːft ˈkredɪt]	Überziehungskredit
unsecured credit [ʌnsəˈkjʊəd ˈkredɪt]	Blankokredit
credit balance [ˈkredɪt ˈbæləns]	Guthaben, Aktivsaldo
creditor [ˈkredɪtə]	Gläubiger(in)
lender [ˈlendə]	Darlehensgeber(in)
borrower [ˈbɒrəʊə]	Kreditnehmer(in)
Borrowers are hit hard by interest rate rises.	Kreditnehmer sind durch Zinssatzerhöhungen schwer betroffen.

INFOKASTEN

To lend wird oft mit *to borrow* verwechselt. Wenn man jemandem etwas leiht (z.B. Geld), verwendet man *to lend. He lent me £100.* Er lieh mir £100. Wird etwas (aus)geliehen oder (aus)geborgt, verwendet man *to borrow. I borrowed money from the bank.* Ich habe Geld von der Bank geliehen.

---

borrowing limit [ˈbɒrəʊɪŋ ˈlɪmɪt]	Kreditlimit
guarantee [gærənˈtiː]	Bürgschaft, Sicherheit, garantieren, gewährleisten, bürgen für
guarantee of a bill [gærənˈtiː əv ə bɪl]	Aval, Bürgschaft
security [sɪˈkjʊərətɪ]	Bürgschaft, Kaution
rating [ˈreɪtɪŋ]	Einschätzung, Beurteilung der Bonität
credit rating [ˈkredɪt ˈreɪtɪŋ]	Kreditwürdigkeit
mortgage [ˈmɔːgɪdʒ]	Hypothek
take out a mortgage [teɪk aʊt ə ˈmɔːgɪdʒ]	eine Hypothek aufnehmen
indebtedness [ɪnˈdetɪdnɪs]	Schuldenlast, Verschuldung

4. Währungen und Wechselkurse

currency [ˈkʌrənsɪ] — Währung
In what currency should I pay you? — In welcher Währung soll ich Sie bezahlen?

unified currency — Einheitswährung
[ˈjuːnɪfaɪd ˈkʌrənsɪ]

hard currency [hɑːd ˈkʌrənsɪ] — harte Währung

soft currency [sɒft ˈkʌrənsɪ] — weiche Währung

gold currency [gəʊld ˈkʌrənsɪ] — Goldwährung

key currency [kiː ˈkʌrensɪ] — Leitwährung

foreign currency account — Devisenkonto
[ˈfɒrən ˈkʌrənsɪ əˈkaʊnt]

coin [kɔɪn] — Münze

INFOKASTEN

Münzen in Großbritannien nennt man *penny/pence* (z.B. *a ten-pence coin*). Die Werte sind 1p, 2p, 5p, 10p, 20p und 50p. Es gibt auch eine Ein-Pfund- und eine Zwei-Pfund-Münze. In den USA ist ein Dollar in *cents* unterteilt.

Ein Pfund nennt man in der Umgangssprache ein *quid* (BE) und einen Dollar ein *buck* (AE). Kommt jemand ganz einfach und schnell zu Geld, sagt man *to make a fast/quick/easy buck*.

---

banknote [ˈbæŋknəʊt] — Schein

change [tʃeɪndʒ] — Wechselgeld

cash [kæʃ] — Bargeld

exchange [ɪksˈtʃeɪndʒ] — Tausch, Devisen, tauschen, wechseln

rate of exchange — Wechselkurs
[reɪt əv ɪksˈtʃeɪndʒ]
Exporters benefit from a low exchange rate. — Exporteure profitieren von einem niedrigen Wechselkurs.

foreign exchange — Devisen
[ˈfɒrən ɪksˈtʃeɪndʒ]
Foreign exchange reserves can be used to stabilize a currency. — Devisenreserven können dazu verwendet werden, eine Währung zu stabilisieren.

exchange dealings *pl* — Devisenhandel
[ɪksˈtʃeɪndʒ ˈdiːlɪŋz]

floating exchange rate	Wechselkursfreigabe
[ˈfləʊtɪŋ ɪksˈtʃeɪndʒ reɪt]	
fluctuation [flʌktjʊˈeɪʃən]	Schwankung, Fluktuation
revaluation [riːvæljʊˈeɪʃən]	Aufwertung, Neubewertung
rate [reɪt]	Satz, Tarif, Kurs
regulate [ˈreɡjʊleɪt]	regulieren, regeln

5. Steuern

tax [tæks], **taxes** [ˈtæksɪz] *pl*	Steuer, Abgabe, besteuern,
taxable [ˈtæksəbl]	steuerpflichtig
income tax [ˈɪnkʌm tæks]	Einkommenssteuer
turnover tax [ˈtɜːnəʊvə tæks]	Umsatzsteuer
value added tax (VAT) *BE*	Mehrwertsteuer
[ˈvæljuː ˈædɪd tæks]	
How much do we have to pay in VAT?	Wie viel Mehrwertsteuer müssen wir bezahlen?
sales tax *AE* [seɪlz tæks]	Mehrwertsteuer
capital gains tax (CGT)	Kapitalertragssteuer
[ˈkæpɪtəl ɡeɪnz tæks]	
inheritance tax [ɪnˈherɪtəns tæks]	Erbschaftssteuer
corporation tax	Körperschaftssteuer
[kɔːrpəˈreɪʃən tæks]	
pre-tax [ˈpriːtæks]	brutto, vor Abzug der Steuern
Pre-tax earnings rose ten per cent last year.	Das Vorsteuerergebnis hat sich letztes Jahr um zehn Prozent erhöht.
zero-rated [zɪərəʊˈreɪtɪd]	mehrwertsteuerfrei
percentage [pəˈsentɪdʒ]	Prozentsatz
levy [ˈlevɪ]	Steuer, Abgaben
taxation [tækˈseɪʃən]	Besteuerung
tax adviser [tæks ədˈvaɪzə]	Steuerberater(in)
tax exemption [tæks ɪɡˈzempʃən]	Steuerbefreiung
tax evasion [tæks ɪˈveɪʒən]	Steuerhinterziehung
tax return [tæks rɪˈtɜːn]	Steuererklärung
file a tax return	eine Steuererklärung abgeben
[faɪl ə tæks rɪˈtɜːn]	

6. Börse

stocks _pl_ [stɒks]	Aktienkapital
stock exchange [stɒk ɪksˈtʃeɪndʒ]	Börse
stock market [stɒk ˈmɑːkɪt]	Börse
stock market crash	Börsenkrach
[stɒk ˈmɑːkɪt kræʃ]	

INFOKASTEN

Die wichtigsten internationalen Börsenindizes sind:

Dow Jones Average (the Dow)	New York
NASDAQ	New York
FTSE [ˈfʊtsɪ]	London
Hang Seng	Hong Kong
Nikkei	Tokyo
DAX	Frankfurt/Main

In London nennt man das Finanzzentrum _The City_ oder _The Square Mile,_ in New York spricht man von der _Wall Street._

stockbroker [ˈstɒkbrəʊkə]	Börsenmakler(in)
stockholder [ˈstɒkhəʊldə]	Aktionär(in)
share [ʃeə]	Anteil, Aktie
share capital [ʃeə ˈkæpɪtəl]	Aktienkapital
share price [ˈʃeə praɪs]	Aktienkurs
shareholder [ˈʃeəhəʊldə]	Aktionär(in), Anteilseigner(in)
investment fund	Investmentfonds
[ɪnˈvestmənt fʌnd]	
investment banking	Emissionsgeschäft
[ɪnˈvestmənt ˈbæŋkɪŋ]	
dividend [ˈdɪvɪdənd]	Dividende
securities _pl_ [sɪˈkjʊərətiːz]	Effekten, Wertpapiere
bond [bɒnd]	Obligation, festverzinsliches Wertpapier, Rentenpapier
Bonds are usually considered to be a safe investment.	Festverzinsliche Wertpapiere gelten üblicherweise als eine sichere Investition.
bond market [bɒnd ˈmɑːkɪt]	Rentenmarkt
bondholder [ˈbɒndhəʊldə]	Pfandbriefinhaber(in)

unredeemable bond [ʌnrɪˈdiːməbl bɒnd]	Dauerschuldverschreibung
mortgage bond [ˈmɔːɡɪdʒ bɒnd]	(Hypotheken-)Pfandbrief
junk bond [ˈdʒʌŋk bɒnd]	Wertpapier niedriger Bonität
pension fund [ˈpenʃən fʌnd]	Rentenfonds
government loan [ˈɡʌvənmənt ləʊn]	Staatsanleihe
blue chips pl [ˈbluː tʃɪps]	erstklassige Aktien

INFOKASTEN

Mit *blue chips* meint man erstklassige Aktien von hochrenommierten Firmen, die als eine sichere Investition gelten. Solche Firmen werden z.B. beim FTSE Top 100 notiert.

futures pl [ˈfjuːtʃəz]	Termingeschäfte
futures market [ˈfjuːtʃəz ˈmaːkɪt]	Terminbörse
buying price [ˈbaɪɪŋ praɪs]	Einkaufspreis (stock markets)
selling price [ˈselɪŋ praɪs]	Verkaufspreis
forward price [ˈfɔːwəd praɪs]	Terminkurs
closing price [ˈkləʊzɪŋ praɪs]	Schlusskurs
Today's closing price was down on yesterday's.	Der Schlusskurs von heute lag unter dem gestrigen.
option [ˈɒpʃən]	Option, Vorkaufsrecht
speculate [ˈspekjuleɪt]	spekulieren
depreciation [dɪpriːʃɪˈeɪʃən]	Wertminderung, Abschreibung
broker [ˈbrəʊkə]	Broker(in), Makler(in)
brokerage [ˈbrəʊkərɪdʒ]	Maklergebühr, Courtage
bearish [ˈbeərɪʃ]	zur Baisse tendierend, flau
The outlook for the stock market is bearish.	Die Börsenaussichten sind flau.
bull market [bʊl ˈmaːkɪt]	Hausse
listing [ˈlɪstɪŋ]	Auflistung, Börsennotierung
market [ˈmaːkɪt]	Markt
market rate [ˈmaːkɪt reɪt]	Marktkurs, Tageskurs
gain [ɡeɪn]	Gewinn, Zuwachs, gewinnen, erwerben
insider trading [ˈɪnsaɪdə ˈtreɪdɪŋ]	Insiderhandel

1. Bilanz

budget [ˈbʌdʒɪt]	Etat, Budget
balance [ˈbæləns]	Bilanz, bilanzieren
balance sheet [ˈbæləns ʃiːt]	Bilanz, Handelsbilanz

INFOKASTEN

Ein *balance sheet* zeigt alle Einzahlungen und Auszahlungen einer Firma und die Differenz zwischen beiden Summen. Die Firma kann diese Bilanz bei Kreditanträgen der Bank vorlegen.

balance an account [ˈbæləns ən əˈkaʊnt]	ein Konto ausgleichen
spreadsheet [ˈspredʃiːt]	Tabellenkalkulation
tabulate [ˈtæbjʊleɪt]	tabellarisch darstellen
Can you tabulate these figures, please?	Können Sie bitte diese Zahlen tabellarisieren?
balance sheet account [ˈbæləns ʃiːt əˈkaʊnt]	Bilanzkonto
balance sheet analysis [ˈbæləns ʃiːt əˈnæləsɪs]	Bilanzanalyse
healthy balance sheet [ˈhelθɪ ˈbæləns ʃiːt]	eine gesunde Bilanz
The firm presented a healthy balance sheet at the annual general meeting.	Die Firma stellte bei der Jahreshauptversammlung eine gesunde Bilanz vor.
monthly balance sheet [ˈmʌnθlɪ ˈbæləns ʃiːt]	monatliche Bilanz
consolidated balance sheet [kənˈsɒlɪdeɪtəd ˈbæləns ʃiːt]	konsolidierte Bilanz, Konzernbilanz
interim [ˈɪntərɪm]	vorläufig, Interims…, Zwischenzeit
interim balance sheet [ˈɪntərɪm ˈbæləns ʃiːt]	Zwischenbilanz
credit balance [ˈkredɪt ˈbæləns]	Habensaldo
debit balance [ˈdebɪt ˈbæləns]	Sollsaldo

The customer's account shows a debit balance of €5000.	Das Kundenkonto zeigt einen Sollsaldo von € 5000.
opening balance sheet [ˈəʊpənɪŋ ˈbæləns ʃiːt]	Eröffnungsbilanz
financial accounting [faɪˈnænʃəl əˈkaʊntɪŋ]	Finanzbuchhaltung
financial statement [faɪˈnænʃəl ˈsteɪtmənt]	Bilanz
financial year [faɪˈnænʃəl jɪə]	Geschäftsjahr, Rechnungsjahr

2. Buchhaltung

bookkeeping [ˈbʊkkiːpɪŋ]	Buchführung, Buchhaltung
A sole trader has to do all his own bookkeeping.	Ein Alleininhaber muss die Buchführung eigenständig führen.
bookkeeper [ˈbʊkkiːpə]	Buchhalter(in)
book [bʊk]	buchen
accounting [əˈkaʊntɪŋ]	Buchführung, Buchhaltung
accounting period [əˈkaʊntɪŋ ˈpɪərɪəd]	Bilanzzeitraum
accounting records pl [əˈkaʊntɪŋ ˈrekɔːds]	Geschäftsbücher, Buchhaltungsunterlagen
accounts pl [əˈkaʊnts]	Geschäftsbücher, Konten, Rechnungen
We keep our accounts in good order.	Wir führen unsere Geschäftsbücher ordnungsgemäß.
accounts payable pl [əˈkaʊnts ˈpeɪəbl]	Verbindlichkeiten
payable [ˈpeɪəbl]	zahlbar, fällig
accounts receivable pl [əˈkaʊnts rɪˈsiːvəbl]	Außenstände
annual accounts pl [ˈænjʊəl əˈkaʊnts]	Jahresabschluss
accountancy [əˈkaʊntənsɪ]	Buchführung, Rechnungswesen
I study accountancy.	Ich studiere Rechnungswesen.
accountant [əˈkaʊntənt]	Bilanzbuchhalter(in)
cost accounting [kɒst əˈkaʊntɪŋ]	Kostenrechnung

keep the accounts [kiːp ðiː əˈkaʊnts]	die Buchhaltung führen
double-entry bookkeeping [ˈdʌblentrɪ ˈbʊkkiːpɪŋ]	doppelte Buchführung
audit [ˈɔːdɪt]	Buchprüfung, Revision, Bücher/Konten prüfen
Our accounts are being audited next week.	Nächste Woche werden unsere Geschäftsbücher geprüft.
auditor [ˈɔːdɪtə]	Wirtschaftsprüfer(in)
auditing [ˈɔːdɪtɪŋ]	Wirtschaftsprüfung
internal [ɪnˈtɜːnəl]	intern, Innen…
internal audit [ɪnˈtɜːnəl ˈɔːdɪt]	interne Revision
external [ɪksˈtɜːnəl]	extern, Außen…
value [ˈvæljuː]	Wert, schätzen, bewerten
valuation [væljuːˈeɪʃən]	Schätzung, Bewertung, Schätzwert
item [ˈaɪtəm]	Posten
entry [ˈentrɪ]	Buchung
break down [breɪk ˈdaʊn]	aufschlüsseln
calculate [ˈkælkjuleɪt]	berechnen, ausrechnen
check [tʃek]	prüfen, kontrollieren
cost [kɒst]	Kosten, Preis, etwas kosten
incur costs [ɪnˈkɜː kɒsts]	Kosten verursachen, entstehen
The machinery breakdown incurred unexpected costs.	Durch die Betriebsstörung wurden unerwartete Kosten verursacht.
fixed costs *pl* [ˈfɪkst kɒsts]	Fixkosten

INFOKASTEN

Fixed costs sind die allgemeinen Unkosten, die in einem Betrieb anfallen, wie z.B. *rent* (Miete), *heating* (Heizkosten), *electricity* (Strom).

labour costs *pl* [ˈleɪbə kɒsts]	Lohnkosten
Labour costs are an important factor.	Die Lohnkosten sind ein wichtiger Faktor.
production costs *pl* [prəˈdʌkʃən kɒsts]	Herstellungskosten
additional [əˈdɪʃənəl]	zusätzlich

additional costs *pl*
[əˈdɪʃənəl kɒsts]
  We will cover any additional costs
  for transport of the goods.

Zusatzkosten

  Wir werden alle Zusatzkosten für den
  Warentransport übernehmen.

actual costs *pl* [ˈæktuəl kɒsts] — Istkosten

ancillary costs *pl*
[ænˈsɪlərɪ kɒsts]

Nebenkosten

budgeted costs *pl*
[ˈbʌdʒɪtəd kɒsts]

Sollkosten

operating costs *pl*
[ˈɒpəreɪtɪŋ kɒsts]

Betriebskosten

overhead costs *pl*
[ˈəʊvəhed kɒsts]

Betriebskosten

variable costs *pl* [ˈveərɪəbl kɒsts] — variable Kosten

cost advantage [kɒst ədˈvɑːntɪdʒ] — Kostenvorteil

cost centre [kɒst ˈsentə] — Kostenstelle

cost-effective [kɒst ɪˈfektɪv] — rentabel, kostengünstig

cover costs [ˈkʌvə kɒsts] — die Kosten decken

cost per unit [kɒst pɜː ˈjuːnɪt] — Stückkosten

cost analysis [kɒst əˈnæləsɪs] — Kostenanalyse

cost savings *pl* [kɒst ˈseivɪŋz] — Kostenersparnisse

cost price [kɒst praɪs] — Selbstkostenpreis

historical costing
[hɪˈstɒrɪkəl ˈkɒstɪŋ]

Nachkalkulation

marginal costing
[ˈmɑːdʒɪnl ˈkɒstɪŋ]

Grenzkostenrechnung

outlay [ˈaʊtleɪ]
  The outlay for this project will be
  great.

Ausgaben, Kosten

  Die Kosten dieses Projektes werden hoch
  sein.

spending [ˈspendɪŋ] — Ausgaben

expenditure [ɪkˈspendɪtʃə] — Ausgaben

expenses *pl* [ɪkˈspensɪz] — Ausgaben, Spesen

statement of expenses — Spesenabrechnung
[ˈsteɪtmənt əv ɪkˈspensəz]

incur [ɪnˈkɜː]
  We have incurred a loss on our
  investments.

erleiden, machen

  Wir haben bei unseren Investitionen einen
  Verlust erlitten.

incur expenses　　　　　　　　Unkosten haben
[ɪnˈkɜː ɪkˈspensəz]

INFOKASTEN

Häufige Verwendungen von *incur* sind z.B. *to incur debts* (Schulden machen), *to incur losses* (Verluste erleiden), *to incur risks* (Risiken eingehen), *to incur charges* (Gebühren zahlen müssen).
Achtung: Verwechseln Sie *to incur* jedoch nicht mit *to occur* (sich ereignen, vorkommen), z.B. *an error has occurred* (ein Fehler ist aufgetreten).

expense account　　　　　　Spesenkonto
[ɪkˈspens əˈkaʊnt]
travel expenses *pl*　　　　　Reisekosten, Reisespesen
[ˈtrævl ɪkˈspensəz]
　You can reclaim your travelling　Sie können Ihre Reisekosten
　expenses.　　　　　　　　　zurückfordern.
accruals *pl* [əˈkruːəls]　　　　Rückstellungen, Abgrenzungsposten
occur [əˈkɜː]　　　　　　　vorkommen, auftreten
lack [læk]　　　　　　　　Mangel, Fehlen, mangeln, fehlen
allow [əˈlaʊ]　　　　　　　erlauben, gewähren
allowance [əˈlaʊəns]　　　　Freibetrag, Spesen, Anerkennung
handling [ˈhændlɪŋ]　　　　Bearbeitung, Handhabung

3. Rechnungen

invoice [ˈɪnvɔɪs]　　　　　　Rechnung, in Rechnung stellen

INFOKASTEN

Eine Rechnung *(invoice)* weist nicht nur den Preis der Waren aus, sondern enthält auch wichtige Einzelheiten des Verkaufsvertrags, z.B.:
means of transport　　　　　Transportweg
country of destination　　　　Bestimmungsland
country of origin　　　　　　Ursprungsland
forwarder　　　　　　　　Spediteur
terms of delivery and payment　Liefer- und Zahlungsbedingungen

invoicing [ˈɪnvɔɪsɪŋ]	Rechnungsausstellung, Fakturierung
final invoice [faɪnəl ˈɪnvɔɪs]	Endrechnung
pro-forma invoice [ˈprəʊfɔːmə ˈɪnvɔɪs]	Proformarechnung
A pro-forma invoice can serve as a quotation for the goods.	Eine Proformarechnung kann als Preisangebot dienen.
invoice item [ˈɪnvɔɪs ˈaɪtəm]	Rechnungsposten
sum [sʌm]	Summe, Betrag
sum total [sʌm ˈtəʊtl]	Gesamtbetrag
amount [əˈmaʊnt]	Betrag, Menge
invoice date [ˈɪnvɔɪs deɪt]	Rechnungsdatum
invoice number [ˈɪnvɔɪs ˈnʌmbə]	Rechnungsnummer
invoice amount [ˈɪnvɔɪs əˈmaʊnt]	Rechnungsbetrag
check the invoice [tʃek ðiː ˈɪnvɔɪs]	eine Rechnung überprüfen
invoice error [ˈɪnvɔɪs ˈerə]	Rechnungsfehler
pay an invoice [peɪ ən ˈɪnvɔɪs]	eine Rechnung begleichen
payment [ˈpeɪmənt]	Zahlung
undercharge [ʌndəˈtʃɑːdʒ]	zu wenig berechnen
overcharge [əʊvəˈtʃɑːdʒ]	zu viel berechen
We have been overcharged by €300.	Uns wurden € 300 zu viel berechnet.
amend an invoice [əˈmend ən ˈɪnvɔɪs]	eine Rechnung berichtigen
verify [ˈverɪfaɪ]	(nach)prüfen, belegen
verification [verɪfɪˈkeɪʃən]	Überprüfung, Kontrolle, Nachweis
issue [ˈɪʃuː]	ausgeben, veröffentlichen, ausstellen
The board issued its strategic report today.	Heute hat der Vorstand seinen strategischen Bericht veröffentlicht.
issue an invoice [ˈɪʃuː ən ˈɪnvɔɪs]	eine Rechnung erstellen
date of issue [deɪt əv ˈɪʃuː]	Ausstellungsdatum, Ausgabetag
bill [bɪl]	Rechnung, in Rechnung stellen
remittance advice [rɪˈmɪtns ˈədvaɪs]	Überweisungsbescheid
unpaid [ʌnˈpeɪd]	unbezahlt
outstanding [aʊtˈstændɪŋ]	ausstehend, unbezahlt
outstanding debts pl [aʊtˈstændɪŋ dets]	Außenstände

owe [əʊ]   schulden

  We still owe the bank one hundred   Wir schulden der Bank noch hundert
  pounds.   Pfund.

receipt [rɪˈsiːt]   Quittung, Beleg

4. Umsatz

turnover [ˈtɜːnəʊvə]   Umsatz, Fluktuation

  Our turnover increased threefold   Unser Umsatz hat sich letztes Jahr
  last year.   verdreifacht.

make a turnover   Umsatz machen
[meɪk ə ˈtɜːnəʊvə]

annual turnover   Jahresumsatz
[ˈænjʊəl ˈtɜːnəʊvə]

turnover forecast   Umsatzprognose
[ˈtɜːnəʊvə ˈfɔːkɑːst]

turnover increase   Umsatzanstieg
[ˈtɜːnəʊvə ˈɪnkriːs]

  The turnover increase has been   Der Umsatzanstieg wurde durch eine
  achieved by streamlining production Rationalisierung der Produktion und durch
  and through cost-cutting.   Kostenersparnisse erreicht.

increase in turnover   Umsatzanstieg
[ˈɪnkriːs ɪn ˈtɜːnəʊvə]

surplus [ˈsɜːpləs]   Überschuss, überschüssig

decrease in turnover   Umsatzrückgang
[ˈdiːkriːs ɪn ˈtɜːnəʊvə]

annual surplus [ˈænjʊəl ˈsɜːpləs] Jahresüberschuss

  The annual surplus will be invested   Der Jahresüberschuss wird in
  in capital goods.   Investitionsgüter investiert.

deficit [ˈdefɪsɪt]   Defizit

acquire [əˈkwaɪə]   erwerben, erlangen

acquisition [ækwɪˈzɪʃən]   Erwerb, Ankauf

excess [ˈekses]   Überschuss, überschüssig

year-on-year [jɪɒnˈjɪə]   im Jahresvergleich, gegenüber dem Vorjahr

year of assessment   Steuerjahr
[jɪə əv əˈsesmənt]

5. Gewinn und Verlust

profit [ˈprɒfɪt]
Gewinn, Profit, profitieren, Gewinn ziehen
  We are hoping to profit from the increase in demand.
  Wir hoffen, dass wir von der Nachfragesteigerung profitieren.

make a profit [meɪk ə ˈprɒfɪt]
Gewinn machen

profitable [ˈprɒfɪtəbl]
rentabel, gewinnbringend

remunerative [rɪˈmjuːnərətɪv]
einträglich, lukrativ

profitability [prɒfɪtəˈbɪlɪtɪ]
Rentabilität, Ertragskraft

net profit [net ˈprɒfɪt]
Nettogewinn

gross profit [grəʊs ˈprɒfɪt]
Bruttogewinn

pre-tax profit [ˈpriːtæks ˈprɒfɪt]
Gewinn vor Steuern

after-tax profit [ˈɑːftətæks ˈprɒfɪt]
Gewinn nach Steuern

profit margin [ˈprɒfɪt ˈmɑːdʒɪn]
Gewinnspanne
  Our profit margins are healthy.
  Unsere Gewinnspannen sind gut.

margin [ˈmɑːdʒɪn]
Spanne, Marge, Grenze
  We enjoy high margins thanks to efficient operating processes.
  Wir haben große Margen dank effizienter Betriebsprozesse.

margin of error
[mɑːdʒɪn əv ˈerə]
Fehlerspielraum

revenue [ˈrevənjuː]
Ertrag, Einkommen

marginal renevue
[ˈmɑːdʒɪnl ˈrevənjuː]
Grenzertrag

marginal value
[ˈmɑːdʒɪnl ˈvæljuː]
Marginalwert

operating margin
[ˈɒpəreɪtɪŋ ˈmɑːdʒɪn]
Handelsspanne, Gewinnspanne

income [ˈɪnkʌm]
Einkünfte, Einkommen

proceeds pl [ˈprəʊsiːdz]
Erlös, Ertrag
  All proceeds from the event will go to charity.
  Der komplette Erlös der Veranstaltung wird Wohltätigkeitsorganisationen gespendet.

earnings pl [ˈɜːnɪŋz]
Einkommen

receipts pl [rɪˈsiːts]
Einnahmen

gross receipts pl [grəʊs rɪˈsiːts]
Bruttoeinnahmen

yield [jiːld]
Ertrag

equity [ˈekwɪtɪ]
Eigenkapital

retain [rɪˈteɪn]
behalten, beibehalten

loss [lɒs]	Damnum, Verlust
lose [luːz]	verlieren
make a loss [meɪk ə ˈlɒs]	Verlust machen
severe losses pl [sɪˈvɪə ˈlɒsəs]	schwere Verluste
profit and loss [ˈprɒfɪt ənd lɒs]	Gewinn und Verlust
profit and loss account	Ertragsrechnung
[ˈprɒfɪt ənd lɒs əˈkaʊnt]	
The profit and loss account shows a trading profit of $1.5 million.	Die Ertragsrechnung weist einen Geschäftsgewinn von 1,5 Mio. $ aus.
ratio [ˈrɪʃɪəʊ]	Verhältnis
exceed [ɪkˈsiːd]	übertreffen
evaluate [ɪˈvæljʊeɪt]	(ab)schätzen, bewerten
The costs and benefits must be evaluated.	Kosten und Nutzen müssen abgeschätzt werden.
profit mark-up [ˈprɒfɪt ˈmɑːkʌp]	Gewinnaufschlag
write off [raɪt ˈɒf]	vollständig abschreiben
We have written off a large amount of debt.	Wir haben viele Schulden abgeschrieben.
write-off [ˈraɪtɒf]	vollständige Abschreibung
special write-off [ˈspeʃl ˈraɪtɒf]	Sonderabschreibung
set-off [ˈsetɒf]	Aufrechnung
lossmaker [ˈlɒsmeɪkə]	Verlustgeschäft

INFOKASTEN

Lossmaker (Verlustgeschäft) darf nicht mit *loss leader* verwechselt werden. *Loss leader* (Lockvogelangebot) nennt man ein Produkt, das zu einem Schnäppchenpreis verkauft wird, um die Kunden ins Geschäft zu locken.

recoverable [rɪˈkʌvərəbl]	ersetzbar (Verluste), eintreibbar (Schulden)

INFOKASTEN

Außer den regulären *public holidays* (Feiertage) wie *Christmas*, *New Year* und *Easter* (Weihnachten, Neujahr und Ostern), gibt es auch in Großbritannien sogenannte *Bank Holidays* (öffentliche Feiertage): *May Day Bank Holiday* am 1. Mai, *Spring Bank Holiday* Ende Mai und *Summer Bank Holiday* im August.

MASSE UND GEWICHTE

weight [weɪt]	Gewicht
ton [tʌn]	Tonne
kilogramme [ˈkɪləʊgræm]	Kilogramm
pound [paʊnd]	Pfund
gramme [græm]	Gramm
meter [ˈmiːtə]	Maß, Zähler
litre [ˈliːtə]	Liter
pint [paɪnt]	Pint
gallon [ˈgælən]	Gallone
kilometre [ˈkɪləʊmiːtə]	Kilometer
metre [ˈmiːtə]	Meter
centimetre [ˈsentɪmiːtə]	Zentimeter
millimetre [ˈmɪlɪmiːtə]	Millimeter

INFOKASTEN

Wenn es sich um das Längenmaß Meter handelt, schreibt man im britischen Englisch *metre* und im amerikanischen Englisch *meter*. Wenn es sich aber um einen Zähler (z.B. Gas- oder Wasserzähler, Parkuhr) handelt, schreibt man immer *meter*. Übrigens: Eine Politesse ist *a meter maid*.

mile [maɪl]	Meile
yard [jɑːd]	Yard
inch [ɪntʃ]	Zoll
foot [fʊt]	Fuß

INFOKASTEN

Obwohl in Großbritannien seit 1996 auch das metrische System gilt, wird nach wie vor das auch in Amerika gebräuchliche imperiale Maßsystem verwendet. So rechnet man um:

1 Meile	= 1,6 km	1 Fuß	= 30,48 cm
1 Yard	= 0,91 m	1 Zoll	= 2,54 cm
1 Pint (UK)	= 0,57 l	1 Gallone	= 4,6 l

Die Körpergröße wird in England und den USA in *foot* und *inch* gemessen. Bsp.: *John is 6 foot 1.* John ist 1,85 m groß.

BUCHSTABIERALPHABETE

	Deutsch	Britisch	Amerikanisch
A	Anton	Alfred	Abel
B	Berta	Benjamin	Baker
C	Cäsar	Charles	Charlie
D	Dora	David	Dog
E	Emil	Edward	Easy
F	Friedrich	Frederick	Fox
G	Gustav	George	George
H	Heinrich	Harry	How
I	Ida	Isaac	Item
J	Julius	Jack	Jig
K	Kaufmann	King	King
L	Ludwig	London	Live
M	Martha	Mary	Mike
N	Nordpol	Nelly	Nan
O	Otto	Oliver	Oboe
P	Paula	Peter	Peter
Q	Quelle	Queen	Queen
R	Richard	Robert	Roger
S	Siegfried	Samuel	Sugar
T	Theodor	Tommy	Tare
U	Ulrich	Uncle	Uncle
V	Viktor	Victor	Victor
W	Wilhelm	William	William
X	Xanthippe	X-Ray	X
Y	Ypsilon	Yello	Yoke
Z	Zeppelin	Zebra	Zebra
Ä	Ärger		
CH	Charlotte		
Ö	Ökonom		
SCH	Schule		
Ü	Übermut		

Chairman and Managing Director
Aufsichtsratsvorsitzende(r)/Vorstandsvorsitzende(r)

> **Marketing Director**
> *Direktor(in) der Marketingabteilung*
>
> > **Sales Manager**
> > *Vertriebsleiter(in)*
> >
> > **Customer Services Manager**
> > *Leiter(in) der Kundendienstabteilung*
>
> **Personnel Director**
> *Leiter(in) der Personalabteilung*
>
> > **Office Manager**
> > *Geschäftsstellenleiter(in)*
>
> **Company Secretary**
> *Geschäftsführer(in)*
>
> > **Chief Accountant**
> > *Leiter(in) der Buchhaltung*
>
> **Technical Director**
> *Technische(r) Direktor(in)*
>
> > **R&D Manager**
> > *Leiter(in) Forschung und Entwicklung*
>
> **Production Director**
> *Fertigungsleiter(in)*
>
> > **Factory Manager**
> > *Werksleiter(in)*

Die deutschen Übersetzungen sind nur ungefähre Entsprechungen und können je nach Unternehmen variieren.

RECHTSFORMEN

UK/USA	Deutschland
joint-stock company, public limited company (plc) *BE* open corporation, general corporation (Inc.) *AE*	Aktiengesellschaft (AG)
registered company *BE* incorporated company (Inc.) *AE*	eingetragene Gesellschaft
sole proprietor(ship)	Einzelunternehmung
non-profit(-making) organization	gemeinnützige Gesellschaft
civil-law company	Gesellschaft des bürgerlichen Rechts (GbR)
(private) limited company (Ltd.) *BE* close(d) corporation, limited liability company (LLC) *AE*	Gesellschaft mit beschränkter Haftung (GmbH)
joint-stock company *BE* corporation *AE*	Kapitalgesellschaft
limited partnership	Kommanditgesellschaft (KG)
general partnership *BE* ordinary partnership *AE*	Offene Handelsgesellschaft (OHG)
partnership	Personengesellschaft

„FALSCHE FREUNDE"

Es gibt einige Wörter, die im Englischen und Deutschen ähnlich sind, aber eine ganz andere Bedeutung haben. Man nennt sie *false friends* (falsche Freunde). Auf einige wurde in den Infokästen schon hingewiesen.

Hier noch weitere Beispiele:

actually	≠	aktuell	**handy**	≠	Handy
actually	=	tatsächlich	**handy**	=	handlich
aktuell	=	**current**	Handy	=	**mobile, cell phone**
become	≠	bekommen	**local**	≠	Lokal
become	=	werden	**local**	=	örtlich, lokal
bekommen	=	**get**	Lokal	=	**pub, bar**
branch	≠	Branche	**map**	≠	Mappe
branch	=	Filiale, Zweigstelle	**map**	=	Stadtplan, Karte
sector	=	**Branche**	Mappe	=	**folder**
chef	≠	Chef	**personal**	≠	Personal
chef	=	Koch	**personal**	=	persönlich, privat
Chef	=	**boss, leader**	Personal	=	**personnel**
eventually	≠	eventuell	**prospect**	≠	Prospekt
eventually	=	schließlich, endlich	**prospect**	=	Aussicht
eventuell	=	**possible, perhaps**	Prospekt	=	**brochure**, leaflet
fabric	≠	Fabrik	**rent**	≠	Rente
fabric	=	Stoff, Textil	**rent**	=	Miete
Fabrik	=	**factory**	Rente	=	**pension**
familiar	≠	familiär	**spend**	≠	spenden
familiar	=	bekannt, vertraut	**spend**	=	ausgeben, verbringen
familiär	=	**personal, informal**	spenden	=	**donate, give**
formula	≠	Formular	**warehouse**	≠	Warenhaus
formula	=	Formel	**warehouse**	=	Lager
Formular	=	**form**	Warenhaus	=	**department store**

A

24-hour service 85
a comfortable hotel 56
a pleasant flight 56
about 40
above-mentioned 42
abroad 48
accept an invitation 55
access 18
access a file 18
access code 44
accommodation 48
according to 42
account 105
accountability 30
accountable (to) 20, 30
accountancy 115
accountant 115
account balance 105
account details 106
account for 30
accounting 115
accounting period 115
accounting records 115
account management 105
account number 106
accounts 115
accounts payable 115
accounts receivable 115
accrual of interest 106
accruals 118
acknowledge 42
acknowledge receipt of 42
acquire 120
acquisition 120
actual costs 117
actual time of arrival 51

additional 116
additional costs 117
addressee 40
adjourn 32
adjust 59
administration 11, 20
administrative staff 14
administrative work 20
administrator 11
advance order 71
advance payment 67
advert, ad 93
advertise 24, 92
advertisement 24, 93
advertising 92
advertising agency 92
advertising budget 92
advertising campaign 92
advertising copy 92
advertising medium 93
advice of delivery 100
advice of despatch 77
advise 13, 86
adviser/or 13
after-sales service 86
after-tax profit 121
against 34
age group 90
agenda 32
agree 37
agreement 36
agricultural 60
agriculture 60
air conditioning 16
air freight 97
airline 49, 97
airtight 98
air waybill 77
aisle seat 52

allow 118
allowance 118
amend an invoice 119
amount 119
ancillary costs 117
announce 33
announcement 50
annual accounts 115
annual general meeting 31
annual surplus 120
annual turnover 120
answering machine 46
any other business 33
Any questions? 39
apologize for 72
applicant 24
application 18
apply for a consular invoice 77
apply for a job 24
apply for a loan 108
apply for a visa 49
apply for membership 78
apprentice 28
apprenticeship 28
approve 34
area code 44
area of responsibility 29
arrange a meeting 48
arrival date 48
arrival lounge 50
asap (as soon as possible) 43
as follows 42
assemble 81
assembly line 82
assess 33
assessment 33
assets 108

custom-made 80
customs 76
customs clearance 76
customs declaration 76
customs duties 76
customs invoice 76
customs tariff 76
CV 25

D

damage 72
damaged 73
damaged beyond repair 74
damages 73
dash 46
data 18
database 18
data entry 18
data input 18
data processing 18
data transfer 18
date 40
date of issue 119
date of order 70
deadline 70
deadlock 36
deal 64
dealer 64
deal with 20
deal with a complaint 72
Dear Mr Smith 41
Dear Sir(s) 41
debit 107
debit balance 114
debit card 107
decide 33
decision 33
decision making 33
decline 62
decline in prices 62

decrease 62
decrease in demand 62
decrease in turnover 120
defect 73
defective 73
defective goods 73
deferred payment 67
deficiency 73
deficit 120
deflation 59
delay 32, 50
delay in delivery 100
delete 43
delete a file 18
deliver 100
delivered duty paid 102
delivery 100
delivery charge 101
delivery date 101
delivery deadline 101
delivery instructions 100
delivery note 77
demand 36
deny 37
department 11
departure date 48
departure lounge 50
deposit 67
deposit account 105
depreciation 113
deputy 12
design 80
desk 15, 50
desk lamp 15
dessert 56
destination 48, 97
details of 46
dial a number 44
diary 48
diesel 53
differ 73
dimensions 99

dinner 55
direct debit 107
director 10
disabled access 50
disagree 37
discontinue 83
discount 66
discuss 33
discussion 33
disk 17
disk drive 17
dismantle a stand 95
dismiss 26
dismissal 26
dispatch 101
display 95
dividend 112
division 11
division of labour 58
do business 8
domestic 57
domestic flight 50
domestic market 64
dominant 87
dominate a market 87
door-to-door delivery 101
dot 46
double-entry bookkeeping 116
double room 54
doubt 38
down payment 67
download 19
downmarket 88
downturn 63
downward trend 63
draft 20, 43
draft a contract 74
draft a letter 40
draw up a contract 74
drinks 56

shift work 22
ship 96
shipment 71, 96
shipping 96
shipping costs 101
shipping documents 96
shortage 100
short-term forecast 63
show a trend 63
show of hands 34
shredder 16
shutdown 83
shut down 83
sick leave 23
sick note 23
sight 56
sign 30
sign a contract 36, 75
signal 46
signature 41
sign for 30
sign in 30
sign up 30
single European market
  78
single room 53
single ticket 49
site 13
skill 26
skilled 26
slash (/) 46
slogan 93
slump 62
small b 46
small talk 56
soar 62
social market economy
  57
society 78
socket 16
soft currency 110
software 16

software package 17
solve a problem 35
solvency 108
solvent 108
sort code 106
sort out 72
spares 82
speak to 44
speaking 44
special delivery 100
specialist 12
specialize in sth. 12
specialized 12
special offer 69, 89
special write-off 122
specifications 81
specify 75
speculate 113
speed limit 53
speed up 81
spell 46
spelling 42
spend money 66
spending 117
spending habits 92
spokesperson 12
sponsor 94
sponsorship 94
spreadsheet 18, 114
stability 62
staff 10
staff canteen 14
stage a recovery 63
stamp 15
stand 95
standard 82
standardize 82
stand in for 12
standing order 107
stand location 95
stand rental 95
stapler 15

starter 56
start up 16
statement of account
  106
statement of expenses
  117
statistics 39
stay 54
step up production 81
stiff competition 91
stock 100
stockbroker 112
stock exchange 112
stockholder 112
stock market 112
stock market crash 112
stocks 100, 112
stock up 100
storage 99
storage capacity 99
storage facilities 99
store 99
streamline 81
stress sth. 37
strictly confidential 40
strike a deal 35
structure 39
subject line 40
subject to availability 69
subject to confirmation
  71
subject to import duties
  76
subordinate 13
subsidiary 9
subway 53
suggest 37
suitable 40
sum 119
summarize 39
sum total 119
supervise 12